中国财政科学研究院智库丛书

2016年中国政府和社会资本合作（PPP）发展报告

刘尚希　王朝才　主持

赵福军　吴　淼　蒋天文　陈少强　著

中国财经出版传媒集团
中国财政经济出版社

图书在版编目（CIP）数据

2016年中国政府和社会资本合作（PPP）发展报告/赵福军等著. —北京：中国财政经济出版社，2017.9

（中国财政科学研究院智库丛书）

ISBN 978-7-5095-7719-6

Ⅰ.①2… Ⅱ.①赵… Ⅲ.①政府投资-合作-社会资本-研究-中国 Ⅳ.①F832.48②F124.7

中国版本图书馆CIP数据核字（2017）第219470号

责任编辑：张晓彪　吴檬檬　　　　责任校对：徐艳丽

中国财政经济出版社 出版

URL: http://www.cfeph.cn

E-mail: cfeph@cfeph.cn

（版权所有　翻印必究）

社址：北京市海淀区阜成路甲28号　邮政编码：100142

营销中心电话：88190406　北京财经书店电话：64033436　84041336

北京中兴印刷有限公司印刷　各地新华书店经销

787×1092毫米　16开　10印张　170 000字

2017年9月第1版　2017年9月北京第1次印刷

定价：38.00元

ISBN 978-7-5095-7719-6

（图书出现印装问题，本社负责调换）

本社质量投诉电话：010-88190744

打击盗版举报热线：010-88190414、QQ：447268889

中国财政科学研究院智库丛书

编 委 会

编委会主任 刘尚希

编委会委员 罗文光　　白景明　　傅志华

总　序

党的十八届三中全会在明确"完善和发展中国特色社会主义制度，推进国家治理体系和治理能力现代化"这一全面深化改革总目标的同时，提出了"财政是国家治理的基础和重要的支柱"的重要判断，充分彰显出财政在国家治理现代化之中的地位与作用。

强调发挥财政在国家治理中的基础和重要支柱作用，是与我国经济社会发展阶段相联系的。在改革开放初期，政府的作用是促进改革和开放，财政改革主要是推动政府职能转换、改进政府与市场关系，让市场在资源配置中发挥更大的作用。随着我国经济社会转型进入新的阶段、国家实力逐渐增强以及大国财政使命的提出，财政在改革和发展中的作用日趋多样化、全方位，涉及经济、政治、社会、文化、生态文明建设各个领域。

在市场经济不断发展的基础上，社会结构及其整个上层建筑都发生了极大变化，社会成员利益关系变得复杂起来。在经济进入新常态的背景下，这种复杂的利益关系对于财政在国家治理中作用的发挥是一个新的考验。改革开放初期，财政政策着眼于关注国内，对于国际环境关注不多，现在财政政策的一举一动都对世界经济产生重要影响；改革开放初期，财政主要解决温饱问题，经济建设成为财政工作的突出任务，现在财政既要解决发展问题，又要解决改革问题，经济、社会、政治、文化和生态文明要协同发展；改革开放初期，中央和地方财政实力虽然都较弱，但地方政府债务也少，现在国家财政实力快速扩张过程中也面临着地方政府债务特别是或有债务快速扩张的问题，财政自身可持续性发展面临挑战。

财政作为国家治理的基础正在发生多维变化。改革开放初期，财政主要从经济维度发挥国家治理基础性作用，主要是处理好政府与市场的关系；在经济社会转型、利益关系多元化背景下，财政要从多维度支撑国家治理：既有国家与市场的维度，也有国家与社会（个人）的维度，以及公共部门内部（包括中央与地方、政府部门之间）的维度。

随着财政发挥作用的多维变化，财政理念也随之发生变化。改革开放初期，政府在市场失灵的领域提供公共服务；随着时代的进步，政府承担的各种责任（城镇化、养老、医疗、教育、环境保护等）在不断增加，在政府能力有限的情况下，政府与社会资本合作呼之欲出。政府和社会资本合作打破了传统主流经济学、财政学的基本看法：政府与市场是水火不相容的，二者是对立的；公共服务领域是市场失灵的领域，只能由政府来干。过去注重政府与市场之间的分工，现阶段则注重在分工基础上的合作。政府与市场关系需要进行再改革，一些新的问题又随之产生：在多元主体提供公共服务的同时如何保障社会公共利益，如何理顺政府与社会的关系，如何理顺政府内部如中央和地方之间、政府各部门之间的关系等。财政全方位、深层次嵌入国家治理体系和治理能力现代化之中，带来了许多需要用全新理论诠释的问题，也考验着各方面的智慧。

面对新阶段、新形势和新任务，财政如何有效支撑和推动国家治理现代化更需要新思路、新思想，财政智库或财政思想库也应运而生。可以说，财政智库是财政有效支撑和推动国家治理现代化的思想源泉，也是点亮财政作用于国家治理的"智慧之灯"。发达国家在财政现代化和国家治理体系与治理能力现代化过程中，财政智库的作用功不可没。要发挥好财政作为国家治理基础与重要支柱的职能作用，财政智库的基础性作用更是不可替代。

第一，财政智库是推进国家治理决策的科学化、民主化和法制化的重要支撑。当前，全面建成小康社会进入决定性阶段，破解财政改革发展稳定难题和应对全球性问题的复杂性艰巨性前所未有，迫切需要健全中国特色的财政决策支撑体系，大力加强财政智库建设，以财政科学咨询支撑财政治理的科学决策、民主决策和依法决策，以财政科学决策引领科学发展。

第二，财政智库是国家治理体系和治理能力现代化的重要内容。纵观当今世界各国现代化发展历程，智库在国家治理中发挥着越来越重要的作用，日益成为国家治理体系中不可或缺的组成部分，是国家治理能力的重要体现。全面深化改革，推进国家治理体系和治理能力现代化，推动协商民主广泛多层制度化发展，建立更加成熟更加定型的制度体系，必须切实加强中国特色新型财政智库建设，充分发挥智库在治国理政中的重要作用。

第三，中国特色新型财政智库是国家软实力的重要组成部分。一个大国的发展进程，既是经济等硬实力提高的进程，也是思想文化等软实力提高的进程。智库是国家软实力的重要载体，越来越成为国际竞争力的重要因素，在对外交往中发挥着不可替代的作用。树立社会主义中国的良好形象，推动中华文化和当代中国价值观念走向世界，在国际舞台上发出中国声音，迫切需要发挥中国特色财政新型智库在公共外交中的重要作用，不断增强我国在国际财经和公共事务的国际影响力和国际话语权。

正是考虑到智力资源是一个国家、一个民族最宝贵的资源，考虑到我国智库发展面临的各种瓶颈，2015年1月，中共中央办公厅、国务院办公厅印发了《关于加强中国特色新型智库建设的意见》，提出加强智库建设整体规划和科学布局，统筹整合现有智库优质资源，重点建设50~100个国家急需、特色鲜明、制度创新、引领发展的专业化高端智库。

中国财政科学研究院的前身财政部财政科学研究所（财科所），于1956年根据毛泽东主席的指示而成立，2016年2月正式更名。60年前财科所成立之初，就定位为政府部门的政策咨询机构，以探索我国财政经济问题和培养财政、会计专门人才为己任，为党中央和国务院中心工作服务，为财政经济发展的现实服务。为此，一代又一代财政科研人员为我国财政科研事业做出重要贡献。60年后的今天，中国财政科学研究院正致力于转型、创新，努力创建一流新型智库。

根据智库建设与发展的规划，本院推出"中国财政科学研究院智库丛书"。该丛书内容既包括本院各年度重要《研究报告》的文集，也包括本院承担完成的一些重大科研项目成果,以及本院研究人员研究、撰写的各类专著。目的在于集中展示财科院的科研成就,扩大科研成果的宣传和社会效果,全面提升财科院的智库影响力。

不忘初心,砥砺前行。我们将明确智库建设的宗旨,在传承既有科研优势和办院特色的基础上,探寻新型高端智库建设的途径,潜心探索财政与国家治理的新理论、新观点、新思路、新对策,与各界同仁一道,共同致力于现代财政制度建设,开创国家治理现代化之美好未来。

"中国财政科学研究院智库丛书"编委会

2016 年 7 月

目 录

概述 ……………………………………………………………… （1）
　一、政府和社会资本合作在全球范围发展概况 ………………… （1）
　二、我国政府和社会资本合作发展进程与现状 ………………… （4）
　三、我国推进政府和社会资本合作中存在的不足与相关政策
　　　建议 …………………………………………………………… （10）

第一章　政府和社会资本合作的前世今生 ………………………… （15）
　一、政府与市场关系的晚近动态 ………………………………… （15）
　二、政府职能及其活动范围扩展 ………………………………… （17）
　三、从市场失灵到政府失灵 ……………………………………… （18）
　四、新公共管理运动：自由化、改革与放松管制 ……………… （20）
　五、政府和社会资本合作：充分发挥政府与市场各自优势 …… （23）
　六、政府和社会资本合作生命史：从滥觞到全球实践 ………… （25）

第二章　政府和社会资本合作在全球范围内探索中的重要成果 … （28）
　一、政府和社会资本合作运用更灵活和多样 …………………… （29）
　二、政府和社会资本合作项目操作更加规范 …………………… （33）
　三、政府和社会资本合作项目实施技术方法逐渐成熟 ………… （37）
　四、政府和社会资本治理模式更先进 …………………………… （41）
　五、政府和社会资本合作相关的配套环境不断完善 …………… （45）

第三章　我国政府和社会资本合作发展进程 ……………………… （48）
　一、我国政府和社会资本合作的自发实践阶段 ………………… （48）
　二、我国政府和社会资本合作的试点推广阶段 ………………… （50）
　三、我国政府和社会资本合作的全面推进阶段 ………………… （53）

四、我国政府和社会资本合作的特色……………………………（58）

第四章　我国政府和社会资本合作项目的结构分析……………（61）
　　一、政府和社会资本合作项目的区域分布情况…………………（61）
　　二、政府和社会资本合作项目的行业分布情况…………………（64）
　　三、政府和社会资本合作项目的投资金额分布情况……………（79）
　　四、政府和社会资本项目运作方式的分布情况…………………（82）
　　五、政府和社会资本合作项目回报机制的分布情况……………（84）
　　六、政府和社会资本合作项目落地情况…………………………（89）
　　七、政府和社会资本合作项目的合作年限分布…………………（93）
　　八、政府和社会资本合作项目发起类型情况……………………（94）

第五章　我国推进与政府和社会资本合作相关的政策、服务体系建设…（99）
　　一、建立和完善与政府和社会资本合作相关的政策体系………（99）
　　二、建立和完善政府和社会资本合作治理机制…………………（106）
　　三、积极推进政府和社会资本合作相关的咨询服务市场建设…（108）

第六章　我国推进政府和社会资本合作中存在的不足……………（110）
　　一、政府和社会资本合作理论准备不足…………………………（110）
　　二、与政府和社会资本合作相关的制度、政策环境不完善……（112）
　　三、政府和社会资本合作面临风险与不确定性…………………（116）
　　四、与政府和社会资本合作相关的配套市场环境不完善………（118）
　　五、政府和社会资本合作项目运作模式不完善和项目策划能力
　　　　不强………………………………………………………………（121）
　　六、政府和社会资本合作项目落地率还不高……………………（122）

第七章　我国政府和社会资本合作的发展趋势与相关政策建议…（124）
　　一、政府和社会资本合作将是未来我国公共服务提供的新常态
　　　　………………………………………………………………………（124）
　　二、政府和社会资本合作发展的方向……………………………（125）
　　三、进一步完善政府和社会资本合作模式的政策建议…………（128）

附录一　国家相关部门出台的相关政策文件 …………………………（134）
附录二　各省（市、自治区）出台的相关政策 ……………………（138）

主要参考文献 …………………………………………………………（145）

后　　记 ………………………………………………………………（147）

概　　述

PPP 是 Public—Private—Partnership 的字母缩写，直译为"公私合作"，在我国语境下则翻译为"政府和社会资本合作"。PPP 产生于西方发达国家。经过几十年的发展，PPP 模式实践遍及全球发达国家与发展中国家，积累了丰富多样的经验，逐渐形成一整套成熟的 PPP 运作模式，PPP 模式运用具有灵活性与规范性，操作技术与治理结构日趋合理。而我国全面推进 PPP 模式则是近几年开始的。从国际经验看，发达国家花了二三十年的时间搭建起 PPP 的制度体系。发达国家落地的 PPP 项目，有的仅有几十个，有的甚至超过数百个落地，但是我国用两年的时间搭建了 PPP 制度框架，建立并完善了相关宏观政策和 PPP 操作规程。总的来看，我国 PPP 相关操作也越来越规范，PPP 相关理念已日益深入人心，各级政府、社会资本、居民、咨询机构对 PPP 认识不断深入，政府和社会资本对 PPP 的相关实践能力不断提升。PPP 落地项目不断增多，PPP 应用领域也不断拓展。

一、政府和社会资本合作在全球范围发展概况

（一）政府和社会资本合作的前世今生

政府和社会资本合作的核心是提供公共服务。政府和社会资本合作，就是要充分发挥政府和市场、社会各自的优势，更高效地提供公共服务。理解政府和社会资本合作，应从政府与市场之间关系出发。应该说，政府和市场之间关系变化

是政府和社会资本合作形成、发展的基础。政府与市场关系凸显始于资本主义经济兴起。从17世纪中叶一直到19世纪60年代，古典经济学占据经济思想的主流。以亚当·斯密为代表的一批学者在这一时期主张自由经济，充分发挥市场作用，要求政府尽可能少地干预经济。从17世纪中叶资本主义制度逐渐在西欧产生并确立，到20世纪30年代资本主义世界性经济危机爆发的这一历史阶段中，市场被赋予独立且至高无上的地位，崇尚市场的自由组织和自发调节作用，政府仅仅充当"守夜人"的角色。1929~1933年席卷资本主义世界的经济危机，深刻地暴露了市场自身无法克服的缺陷和市场机制自发调节的局限性，并催生了凯恩斯理论。凯恩斯提出政府干预理论，通过政府的有效管理，可以使资本主义市场经济克服自身缺陷。凯恩斯主义使经济复苏，然而20世纪70年代美国、英国等主要资本主义国家又遭遇了经济"滞胀"。为了对付经济"滞胀"，西方国家进行了大刀阔斧的改革，其中以美国里根政府改革和英国撒切尔夫人改革最为突出。里根政府改革最为有效的两条是减少政府干预和稳定货币供应量。撒切尔夫人改革在经济上强调发挥市场机制的作用，减少国家干预，推行私有化和货币主义政策。与此同时，以中国为代表的社会主义国家进行市场改革，充分发挥市场作用。

改革是因问题而生的。经历了第二次世界大战胜利、战后复苏与繁荣的愉悦之后，西方国家持续爆发了经济滞胀、民权抗争、石油危机和财政减收等一系列经济社会问题。为应对上述危机，美、英等国家拉开了全方位改革的序幕。新公共管理运动应运而生。新公共管理运动其中的内容之一就是，不断地创新与完善公共服务提供方式，PPP模式便是其中的典型代表。目前，对PPP仍没有公认的精确定义，国际组织和发达国家普遍把PPP理解为政府和企业的一种伙伴关系，世界银行将PPP定义为公私合营伙伴。不论哪种的定义，其核心都是强调政府和社会资本（或企业）合作提供公共服务。PPP架起了政府和社会资本双方的桥梁，是聚合社会资源的有效模式。PPP不仅创新公共服务模式，实现社会"多元共治"，还开启了持续创新的大门。

PPP产生于西方发达国家。20世纪90年代以前，虽然欧美等国家已经有过PPP的实践。但直到1992年英国政府创立私人融资计划（PFI）模式，才真正开启了现代PPP的新时期。PPP模式在发达国家的实践证明了其对公共服务供给效率、节约资金等作用，因此，很多发展中国家积极学习这种模式，并大力推广和应用这种模式，全球范围内兴起了运用政府和社会资本合作模式提供公共服务的浪潮。各国积极探索，将PPP模式运用到各个公共服务领域。

（二）政府和社会资本合作在全球范围内探索中的重要成果

经过几十年的发展，PPP模式实践遍及全球发达国家与发展中国家，积累了丰富多样的经验，逐渐形成一整套成熟的PPP运作模式。PPP模式运用具有灵活性与规范性，操作技术与治理结构日趋合理。

一是政府和社会资本合作运用更灵活和多样。运用政府和社会资本合作提供公共服务的领域越来越广，由经济领域推广至社会领域，由单纯基础设施建设发展至公共服务提供。与此同时，政府和社会资本合作运用范围越来越多样化和差异化，其中重要的表现就是各国法律条文对PPP适用范围的规定方式。完全列举PPP应用范围的国家和地区如柬埔寨和中国台湾地区。而国际社会上更主流的做法是，通过强调PPP项目的一般特点，以及PPP是否能够更好地实现物有所值这两点来凸显出PPP的适用范围。欧盟、美国、英国、澳大利亚、新加坡、中国香港等地区或国家都普遍采取后一种方式，给政府运用PPP模式以更大的灵活性。另外，政府和社会资本合作探索呈现差异性。比如：在PPP运作模式上，英国PPP项目大多采用私人融资计划（PFI）模式，法国的PPP项目大多采用特许经营模式。在应用领域上，在西班牙等欧洲大陆国家，交通运输行业运用PPP模式相对较多，而英国教育和医疗领域运用PPP模式相对较多。

二是政府和社会资本合作项目操作更加规范。经过多年的实践发展，PPP项目操作在更规范的制度、政策环境下推进。建立了健全法律法规体系，规范政府和社会资本运作模式；建立了推进政府和社会资本合作模式的机构，凡是PPP市场较成熟的国家，都建立了国家PPP中心甚至地方PPP中心。国家层面的PPP中心设置主要有两种方式：一种是设立于财政部，如英国、澳大利亚维多利亚州、南非等。另一种独立于政府部门之外，比如：德国、韩国。除此之外，在中央或地方政府设置的PPP中心之外，还存在其他促进PPP规范化运营的非政府机构。比如：德国各城市为提高公共服务质量专门成立了一个管理联合会，关注于一定的政策领域（例如儿童抚养、博物馆、街道清洁等）监督。

三是政府和社会资本合作项目实施技术方法逐渐成熟。纵观PPP发展历程，成熟、完备的技术方法是保障项目成功实施的必要条件。在PPP项目实施的不同阶段，都已发展出成熟的技术方法，包括物有所值论证、风险分析方法、绩效评估方法等，这些方法贯穿在整个PPP项目过程中。

四是政府和社会资本治理模式更先进。PPP作为公共服务提供的新模式，是基础设施和公共服务领域的一场制度变革。在宏观层面上，西方各国将PPP模式作为撬动整个国家治理体系变革的工具，重塑了政府与市场的关系，推动了政府和市场、社会合作，各施所长，更高效地提供公共服务。在微观层面上，建立了政府和社会资本合作项目治理机制。各国普遍利用分类管理思路对PPP进行规范。针对不同PPP模式，各国政府也实行了相异的项目治理机制。目前国际上应用比较普遍的PPP项目治理机制主要有两种，即以"特殊目的载体"（SPV）为核心的股权治理结构和以"合同"为中心的关系契约治理机制。

五是政府和社会资本合作相关的配套环境不断完善。经过几十年的实践，建立了与PPP模式相适应的制度环境和支撑体系，包括监管、金融、税收、法律、咨询、人力资本等。比如：德国非营利组织管理负责实施"公共交互指标网络"，独立于国家和党派的机构使得监管更加客观，更能获得民众的信任。日本东洋大学于2006年在经济学研究系开设公私合作专业，培养PPP专业硕士。

二、我国政府和社会资本合作发展进程与现状

（一）我国政府和社会资本合作发展的进程与特色

改革开放之初，我国在基础设施领域，就开始探索运用政府和社会资本合作方式进行建设、运营，只不过当时以BOT（建设——运营——移交）等方式为主。我国政府和社会资本合作经历自发实践、试点和全面推广等阶段。近年来，经济发展进入新常态，积极推进国家治理体系和治理能力现代化，需要我国加快推进政府和社会资本合作。推进政府和社会资本合作，既是推进国家治理能力现代化需要，又能满足市场、社会的需求，还能满足居民的期待，能实现政府、市场、社会、居民等多方共赢。我国为促进PPP实践发展，出台并完善了政策法规，不断健全PPP工作机制，强化政府和社会资本合作示范项目的落实，积极鼓励社会资本、社会参与。截至2017年2月底，财政部已推出了三批PPP示范项目；国家发展改革委也推出了第一、第二批推介的PPP项目、第一批向社会资本推介传统基础设施领域PPP项目，2015年还推出北京地铁4号线等13个PPP项目。

PPP从国外引入我国，经过近40年探索和实践，我国结合实际情况，大胆探索，因地制宜，形成了具有中国特色的PPP实践。与国外相比较，我国PPP实践具有以下特点：

一是政府和社会资本合作的内涵更为丰富。我国使用政府和社会资本合作这一概念，比国外"公私合作"的内涵更为丰富。在我国语境下，提出"社会资本"这一概念，本身就是创新，"社会资本"具有经济属性和社会属性。作为经济属性，社会资本表现为经济资本，追逐利润；作为社会属性，社会资本则承担社会责任。

二是推动政府和社会资本合作的进展较快。从国际经验看，发达国家花了二三十年的时间搭建起PPP的制度体系。发达国家落地的PPP项目，有的仅有几十个，有的甚至有数百个落地，但是我国用两年的时间走完了发达国家十几年的道路，落地项目的数量不断增多，质量也稳步提高，制度的体系初见成效。

三是以政府和社会资本合作推动公共服务体制机制改革。发达国家运用PPP模式提供公共服务，很多都侧重于以PPP模式提高公共服务供给效率，改善公共服务供给质量。而我国现在运用PPP模式提供公共服务，除了提高公共服务供给质量之外，还注重推动公共服务体制机制改革、政府职能转变，改变政府以建立机构方式提供公共服务的模式。

四是推进政府和社会资本合作沿着"非均衡发展和边发展、边完善、边规范"的路径。总的来看，我国推进政府和社会资本合作呈现非均衡性，由易到难，先重点推进市政、交通、水务等领域的PPP项目。从财政部公布的第一批、第二批政府和社会资本合作示范项目来看，目前的PPP项目主要集中在市政、交通、水务等领域。与发达国家运用PPP模式提供公共服务相比，我国虽然用两年的时间走完了发达国家十几年的道路，初步搭建了PPP的制度体系，但我国与PPP发展相关的制度、政策仍不完善。建立适合我国国情的PPP的制度体系，不是一蹴而就的事，我国在推进PPP模式发展时，不断完善政策、体制环境，以规范PPP模式运作。比如：《关于在公共服务领域深入推进政府和社会资本合作工作的通知》（财金〔2016〕90号）明确指出，"防止政府以固定回报承诺、回购安排、明股实债等方式承担过度支出责任，避免将当期政府购买服务支出代替PPP项目中长期的支出责任，规避PPP相关评价论证程序，加剧地方政府财政债务风险隐患"。

（二）我国政府和社会资本合作项目发展的现状

近年来，我国大力推进政府和社会资本合作模式提供公共服务，各地积极响应。但是，PPP项目在行业分布、区域分布、运作模式、回报模式、融资方式等方面呈现差异性。根据来自财政部政府和社会资本合作中心公布的PPP项目数据

（数据截至2017年2月28日），对PPP项目进行结构分析。

一是政府和社会资本合作项目的区域分布不平衡性。我国推进政府和社会资本合作呈现不平衡性，西部地区入财政部PPP项目库（以下简称"入库项目"）的数量和金额相对较多。西部地区入库的PPP项目为6201个，占全国入库PPP项目数量比例为53.15%；西部地区入库的PPP项目金额为65369.43亿元，占全国入库PPP项目金额比例为49.22%，均处于首位；入库数量和金额其次分别是东部、中部、东北地区。西部地区入库PPP项目数量最多的地方是贵州，东部地区入库PPP项目数量最多的地方是山东，中部地区入库PPP项目数量最多的地方是河南，东北地区入库PPP项目数量最多的地方是辽宁。

二是政府和社会资本合作项目的行业分布不均衡性。PPP项目主要分布在市政、交通运输、城镇综合开发、旅游、生态建设和环境保护、教育等领域。市政PPP项目数量最多，4151个，占入库项目的35.23%；其次是交通运输PPP项目，1430个，占入库项目的12.14%；然后是城镇综合开发PPP项目，713个，占入库项目的6.05%。各地的市政工程、交通运输类PPP项目占重要的比重。

三是政府和社会资本合作项目投资金额大多数在1亿元以上。PPP项目投资金额大多数在1亿元以上，占入库PPP项目的82.09%。其中，投资金额在1亿元~3亿元的PPP项目为3186个，占入库PPP项目的27.04%；投资金额在3亿元~10亿元的PPP项目为3480个，占入库PPP项目的29.53%；投资金额在10亿元以上的PPP项目为3008个，占入库PPP项目的25.53%。从区域情况看，江苏、湖北、湖南、广东、广西、重庆、云南等地PPP项目投资额在10亿元以上占其入库项目的比重相对较多。从行业情况看，各行业的PPP项目投资额呈现不均衡性，交通运输、保障性安居工程、城镇综合开发等行业的PPP项目投资在10亿元以上，占其入库项目的比重相对较多，占其入库项目比重分别为48.18%、41.92%、47.83%，高于全国25.53%这一比重。

四是大多数政府和社会资本合作项目普遍运用BOT方式。运用BOT方式运作的PPP项目有8413个，占入库PPP项目的72.13%的比重，成为PPP项目的主要运作方式；其次，运用较多的方式分别是其他方式、BOO、TOT，项目数量分别为1157个、905个、631个，这些运作方式项目占PPP项目的比重分别为9.92%、7.76%、5.41%。从区域情况看，各省（市、自治区）PPP项目以BOT运作方式为主，但呈现差异性。除重庆市外，其他30个省（市、自治区）PPP项目以BOT运作方式为主，以BOT运作方式的PPP项目占入库项目的50%以上的比重。

五是以使用者付费作为回报机制的政府和社会资本合作项目占比较大。使用者付费的 PPP 项目数量最多，共 4701 个，占全部入库 PPP 项目的 40.30%；其次是政府付费的 PPP 项目，共 3759 个，占全部入库 PPP 项目的 32.22%；可行性缺口补助的 PPP 项目相对较少，共 3206 个，占全部入库 PPP 项目的 27.48%。从行业情况看，大部分行业的 PPP 项目以使用者付费作为回报机制。使用者付费占第一位的行业是城镇综合开发、林业、旅游、能源、农业、其他、社会保障、市政工程、水利建设、体育、文化、养老、医疗卫生等 13 个行业；政府付费占第一位的行业是保障性安居工程、交通运输、教育、生态建设和环境保护、政府基础设施等 5 个行业；可行性缺口补助占第一位的行业是科技、林业等 2 个行业。从区域情况看，各地的 PPP 项目的回报机制呈现差异性。一半的东部地区和中部地区、东北地区所有省份以政府付费作为 PPP 项目的付费机制；西部地区大部分省（市、自治区）以使用者付费作为 PPP 项目的付费机制。

六是政府和社会资本合作项目落地不到两成，但落地速度在加快。项目落地率，指执行和移交两个阶段项目数之和与准备、采购、执行、移交 4 个阶段项目数总和的比值。多数入库 PPP 项目处于识别阶段，落地项目占不到两成的比重。6984 个入库的 PPP 项目处于识别阶段，占全部入库 PPP 项目的 59.87%；1994 个入库的 PPP 项目处于准备阶段，占全部入库 PPP 项目的 17.09%；1655 个入库的 PPP 项目处于准备阶段，占全部入库 PPP 项目的 14.19%。从区域情况看，高于全国项目落地率的有上海（100%）、安徽（49.74%）、广东（45.00%）、山西（40.43%）、吉林（37.50%）、北京（32.18%）、浙江（29.84%）、福建（26.22%）、山东（24.86%）、海南（23.27%）、湖北（20.90%）、新疆（17.98%）、江苏（17.63%）、湖南（17.54%）、河北（16.78%）、宁夏（15.22%）、重庆（14.93%）等 17 个省（市、自治区），低于全国项目落地率的有四川（12.51%）、陕西（12.50%）、河南（12.44%）、云南（11.01%）、黑龙江（10.79%）、辽宁（7.74%）、广西（7.32%）、内蒙古（6.90%）、江西（6.05%）、贵州（4.40%）、青海（3.74%）、甘肃（2.34%）、天津（0.00%）、西藏（0.00%）等 14 个省（市、自治区）。从各省（市、自治区）PPP 项目处于执行阶段的数量看，按项目数量多少排序分别为：山东（263 个）、新疆（169 个）、四川（108 个）、河南（107 个）、安徽（96 个）、浙江（91 个）、贵州（79 个）、河北（77 个）、湖南（77 个）、内蒙古（62 个）、江苏（61 个）、福建（59 个）、广东（54 个）。这 13 个省（市、自治区）PPP 项目处于执行阶段的数量合计 1303 个，占全国处于执行阶段的 PPP 项目的 78.73%。

从行业情况看，生态建设和环境保护、交通运输、城镇综合开发等行业的PPP项目落地率和落地数量均相对较高。从项目落地率来看，能源、科技、市政工程、生态环境建设和环境保护、交通运输、城镇综合开发行业PPP项目落地率相对较高。能源行业的PPP项目处于执行阶段的共46个，占入库项目的23.12%；科技行业的PPP项目处于执行阶段的共25个，占入库项目的18.94%；市政工程行业的PPP项目处于执行阶段的共720个，占入库项目的17.57%；生态建设和环境保护行业的PPP项目处于执行阶段的共121个，占入库项目的17.41%；交通运输行业的PPP项目处于执行阶段的共216个，占入库项目的15.34%；城镇综合开发行业的PPP项目处于执行阶段的共101个，占入库项目的14.31%。从落地的PPP项目数量看，市政工程、交通运输、生态建设和环境保护、城镇综合开发这四个行业处于执行阶段的项目数量相对较多，分别为720个、216个、121个、101个。虽然PPP项目落地不到两成，但项目的落地速度在加快。2012年落地的PPP项目为27个，2013年、2014年、2015年、2016年落地的PPP项目分别为46个、188个、997个、387个，项目落地数量呈现不断增多的趋势。尤其是2015年、2016年这两年落地的PPP项目较多。

七是七成政府和社会资本合作项目合作年限在10～30年。10～20年、20～30年合作期限的PPP项目数量分别有4736个、3833个，占全部入库项目的比重分别为40.60%、32.86%。从行业情况看，大部分行业的PPP项目的合作期限在10～20年的占比相对较高。PPP项目合作年限在10年至20年的占比高于其他年限区间段占比的行业，主要有科技、文化、体育、医疗卫生、城镇综合开发、教育、农业、政府基础设施、生态建设和环境保护、水利建设、交通运输、旅游12个行业；而仅有保障性安居工程这个行业PPP项目合作年限少于等于10年的占比，高于其他年限区间段的占比；PPP项目合作年限在20年至30年的占比高于其他年限区间段占比的行业，主要有能源、林业、市政工程、养老、社会保障5个行业。

八是政府和社会资本合作项目绝大多数以政府发起为主。政府发起的PPP项目10465个，占比为96.39%；而社会资本发起的PPP项目很少，只有392个，占比为3.61%。社会资本发起的PPP项目主要集中在市政工程、城镇综合开发、养老、旅游行业。在社会资本发起的392个PPP项目中，市政工程、城镇综合开发、养老、旅游行业占比为64.54%。社会资本发起的PPP项目主要集中在西部地区和东部地区，贵州、甘肃、山东、河南等地的PPP项目由社会资本发起的数量相对较多，其数量分别为75个、54个、35个、32个。

(三) 积极推进与政府和社会资本合作发展的相关政策、服务支撑体系建设

近年来，中央和地方政府为加快推进这种新模式，出台了很多政策，为PPP模式发展不断营造良好的环境。

一是建立和完善与政府和社会资本合作的政策体系。我国为了规范地推进PPP模式，中央和地方层面都相继推出了一系列政策措施和法规、制度、文件等，明确了PPP模式适应范围，出台了与PPP相关的融资、资产证券化相关政策和相关监管政策，建立、完善PPP项目相关操作规范、应急处理系统。

二是建立和完善政府和社会资本合作治理机制。PPP项目所涉及目标各异的政府、市场、社会、居民等多主体。为促进政府与市场、社会合作关系的形成并维系，既需要共建相关机制与制度，又需要政府、市场、社会共同治理。至今，我国已初步搭建了政府和社会资本合作的治理机制。在宏观层面，政府从公共服务提供者、组织者角色转变为"顶层设计者"、"规则者"、"组织者"、"实施者"、"管理者"、"监管者"角色。在微观层面，建立并完善了政府和社会资本合作项目治理机制。实施PPP模式提供公共服务，政府以平等身份参与进来，不是居高临下地命令指挥，而是平等协商，按照契约来界定各自的利益和风险、权利和义务。PPP项目治理基于政府、市场、企业、公民和社会等多元主体，平等互动、协商、谈判。创造满足政府和社会资本合作的激励相容条件，实现收益共享、风险共担、行为共治。

三是积极推进政府和社会资本合作相关的咨询服务市场建设。由于运用PPP模式提供公共服务是新事物，涉及到法律、金融、财务、管理等各方面知识，需要相关咨询服务做支撑。为此，我国出台了促进政府和社会资本合作咨询服务市场发展相关政策，助力咨询服务市场发展。比如：为加强政府和社会资本合作（PPP）专家信息共享，规范PPP专家库的组建、管理，规范政府和社会资本合作（PPP）咨询机构库的建立、维护与管理，财政部出台了《政府和社会资本合作（PPP）专家库管理办法》（财金〔2016〕144号）、《政府和社会资本合作（PPP）咨询机构库管理暂行办法》（财金〔2017〕8号）。除此之外，财政部、国家发展改革委均建立了专家库，各地也建立了PPP专家库和省级PPP咨询机构。截至2017年2月底，17个省（市、自治区）建立了PPP专家库，包括：北京、河南、黑龙江、湖北、湖南、吉林、江苏、江西、辽宁、宁夏、山东、山西、陕西、上海、四川、云南、浙江等。22个省（市、自治区）建立了省级PPP咨询机构，包括安徽、北京、福建、广东、贵州、海南、河北、河南、黑龙

江、湖北、湖南、吉林、江苏、内蒙古、宁夏、山西、陕西、四川、新疆、云南、浙江、青海。总的来说，PPP 咨询服务市场快速发展，为推进 PPP 模式提供了有力的支撑，提升地方政府、社会资本运作 PPP 项目能力，提高了 PPP 项目运作质量。

三、我国推进政府和社会资本合作中存在的不足与相关政策建议

（一）存在的不足

我国为促进政府和社会资本合作（PPP）模式发展，国家相关部门和地方政府都出台了相关政策。由于政府和社会资本合作（PPP）是国家治理和资源配置的新模式，原有与政府主导公共服务提供相适应的制度、环境难以适应 PPP 发展需要。

一是政府和社会资本合作理论准备不足。目前，PPP 实践发展很快，但与 PPP 相关的理论研究相对落后。而且，现有关于政府和社会资本合作相关研究都是基于政府、市场之间关系"二分法"的思维，难以满足实践发展需要。至今，我国对政府特许经营与 PPP 相关的认识仍没有形成共识。

二是与政府和社会资本合作的制度、政策环境不完善。多年来，政府主导公共服务提供。政府通过建立事业单位、国有企业，提供公共服务。与政府主导公共服务提供相适应的是，政府建立了相应的监管体系、税收制度、金融体系等。而 PPP 是公共服务提供和国家治理的新模式，相关的制度、政策难免会存在不完善之处。比如：与政府和社会资本合作相关的政策仍沿用政府主导公共服务提供的相关政策；推进政府和社会资本合作仍按照"公共服务由政府提供、私人品由市场提供"的两分法思路。政府主导公共服务提供的思维根深蒂固，个别部门担心 PPP 模式发展会弱化部门权力。政府和社会资本合作相关法律不完善，与国外 PPP 发展较为成熟的国家相比，我国没有专门的 PPP 法律，已有相关法律、法规分散在相关法律之中和一些部门规章，且这些法律和部门规章之间不协调、不配套。另外，政府相关部门就推进 PPP 项目之间还需进一步协调和理顺。以 PPP 方式推动教育、医疗卫生等公共服务领域改革，也需要加快相关领域改革步伐。

三是政府和社会资本合作中面临的风险与不确定性。政府与社会资本合作面临各种各样的不确定性与风险,包括环境、市场、政策等方面的不确定性与风险。不确定性与风险是影响政府与市场、社会合作形成、维系的关键因素。个别地方政府相关部门运用PPP方式提供公共服务有"三怕":怕麻烦、怕失权、怕担责。其中,政府、社会资本的行为风险是最需要关注的风险。例如:一些地方政府为了加快实施PPP项目,采用"明股实债"、假PPP项目形式,社会资本低价竞标、恶性竞争、围标等行为。社会资本与政府还可能会在PPP项目设计、招标、执行等阶段进行合谋。比如:设计固定回报形式,名义上是PPP项目,却无PPP项目之实。在PPP项目执行阶段也可能合谋,政府变相给社会资本财政支付,以各种理由提供财政补贴。

四是与政府和社会资本合作相关的配套市场环境不完善。目前,与政府和社会资本合作相关的金融环境、咨询研究市场等,难以满足PPP发展需要。目前,银行贷款是PPP项目主要的融资方式,PPP项目运作中存在"明股实债"、"固定回报"形式变相融资,社会资本退出渠道不畅。PPP咨询市场存在恶性竞争行为,PPP中介咨询服务行业收费、服务质量标准不明确,PPP咨询研究机构的咨询服务能力难以适应PPP实践发展需要。

五是政府和社会资本合作项目运作模式不完善和项目策划能力不强。对政府和社会资本合作项目的评估方法有待进一步完善,比如:物有所值评估主要采用定性评价方法,定量评价面临一定的操作难度;依据目前的经济结构预测财政收入形势、财政支出状况评估PPP项目的财政承受能力,存在一定的不确定性;对政府和社会资本合作项目缺乏风险评估。除此之外,政府和社会资本合作运作模式需要进一步多样化。单一的PPP项目运作居多,综合性PPP项目较少。

六是个别地方推进政府和社会资本合作模式进展较为缓慢,政府和社会资本合作项目落地速度需要进一步加快。总的来看,全国各地推进PPP的积极性较高,但仍有个别地方推进PPP项目较为缓慢,个别地方入财政部PPP项目库的项目较少;部分行业的政府和社会资本合作进展也相对较慢,政府和社会资本合作项目主要分布在市政、交通运输、城镇综合开发、旅游、生态建设和环境保护、教育等领域,文化、养老、体育、能源、政府基础设施、科技、农业、社会保障、林业等行业的入库PPP项目数量较少。

政府和社会资本项目落地速度需要进一步加快。2013年至今,落地的PPP项目不断增多,尤其是2015年、2016年这两年落地的PPP项目较多。但是,多数入库政府和社会资本合作项目处于识别阶段,落地项目占不到两成的比重。另外,养老、政府基础设施、文化、林业、农业、社会保障、体育等行业入库PPP项目库的项目不仅数量少,且落地项目也少、项目落地率低于全国PPP项目落地率(14.19%)。

(二) 我国政府和社会资本合作的未来发展趋势

今后,政府和社会资本合作(PPP)将是提供公共服务的常态。为加快适应这一常态需要,既需要相关理论研究创新,以更加广阔的理论视野为PPP实践提供支持,又需要更加具有创意的实践探索。今后政府和社会资本合作模式发展的重点将可能侧重于发展综合性项目,政府和社会资本合作项目运作方式可能将更加多样、更加灵活,规划政府和社会资本合作(PPP)可能将是社会资本参与的重要方式。

政府和社会资本合作运用领域肯定会更广泛,政府和社会资本合作领域将从市政、交通运输等基础设施建设、运营扩展到重点提供教育、医疗卫生、养老、文化等公共服务的运营;政府和社会资本合作将突出主题治理。

政府和社会资本合作运作会更加规范。经过不断的探索实践,我国PPP项目运作相关制度和政策必将更加完善。地方政府、社会资本将会按照制度、政策的引导去参与PPP项目,其行为必然会更加规范。

(三) 相关政策建议

一是加快建立与政府和社会资本合作发展需要相适应的治理体系。PPP是国家治理的新模式,需要加快建立与之相适应的治理体系,包括产权、法律、融资、税收、评估、监管等制度安排。以共治理念构筑与政府和社会资本合作相适应的治理体系。今后,在推进政府和社会资本合作过程中,应牢固树立"共治、共享、共建"理念,建立完善的政府、市场、社会共治体系。与此同时,积极探索经济建设、生态环境保护、创新创业、医疗卫生、教育等领域的主题治理模式。目前,我国已运用PPP模式在提供医疗卫生、教育、生态环境保护等发挥了重要的作用。今后,应大力运用PPP模式提供跨领域、跨区域的公共服务,既充分发挥地方政府、社会资本的积极性,又发挥PPP模式的灵活性。

二是加快完善与政府和社会资本合作相关的制度、政策。加快政府和社会资本合作立法进程,为政府、社会资本等相关主体提供稳定的预期,为政府和社会资本合作营造良好的法治环境。今后,应尽快以更加详细、明确的方式,进一步厘清相关政府部门关于推行PPP模式相关职责分工,为PPP模式发展营造良好的体制机制环境。随着我国政府和社会资本合作提供公共服务的深入推进，有必要加快建立和完善我国政府和社会资本合作监管体系。有两种思路可选择：一种思路是在现有政府职能部门的职能范围，进一步明确相关职能部门分工，形成权责明晰的监管体系。另一种思路是基于现行的政府和社会资本合作项目监管体制不统一、政府多部门管理的现状，今后推进政府和社会资本合作模式的顺利推进和健康发展要求政府监管应"统一体制、统一政策"，尽快建立"财政统一管理、主管部门实施、市场方式运营"的政府和社会资本合作监管体制。加快完善PPP项目物有所值、财政承受能力等评估方法，尽快建立项目风险评估体系。今后探索运用定量评价方法，开展物有所值评估。在进行财政承受能力论证时，应充分考虑地方财政收入形势的不断变化，完善相关规定。尽快建立PPP项目的风险评估体系，评估PPP项目化解、防范和可能产生的经济风险、社会风险、财政风险、自然风险等公共风险情况。

三是将化解和防范政府和社会资本合作中的风险和不确定性，作为推进政府和社会资本合作模式的重要抓手。建立并明确政府、社会资本共治风险原则，重点化解和防范地方政府、社会资本的行为风险。今后，深入推进政府和社会资本合作，要加快推进政府行为法治化，促使政府遵循法律、法规，带头讲诚信，决不能让随意改变约定、"新官不理旧账"的现象发生。

四是加快完善政府和社会资本合作中的市场环境。加快政府和社会资本合作金融发展，重点加快发展PPP项目资产证券化和PPP项目股权交易市场。做好PPP项目的策划和规划，为PPP项目创造良好的盈利模式和PPP融资模式创新创造条件。与此同时，规范PPP咨询服务市场发展，进一步明确咨询机构的服务费标准、收费标准，防止PPP市场中的恶性竞争，真正提高PPP咨询服务市场中的服务质量。

五是加强政府、社会资本相关能力建设。加强对地方政府、社会资本方等培训，提升相关运作能力。与此同时，积极鼓励探索多样化的政府和社会资本合作运作模式的能力。今后，积极鼓励发展综合性PPP项目，重点提高地方政府、社会资本发展综合性PPP项目的能力。提升社会资本的项目规划能力，重点是提高规划综合性PPP项目的能力，发挥社会资本在PPP项目的规划、设计、融资、建设、运营、维护、移交等全生命周期所有环节中的作用。

六是分类施策，加快推进政府和社会资本合作项目落地。对于经济发达地区的PPP项目入库和落地少的现状，应深入分析其原因，提出有针对性的解决办法。更为重要的是，提高地方政府相关认识，将推进政府和社会资本合作模式作为供给侧结构性改革的重要内容的高度来认识，增加地方政府推进 PPP 模式的动力；加强督导，督促地方政府加快 PPP 项目落地的步伐。与此同时，加大公共服务体制机制改革，大力推进文化、养老、体育、能源、政府基础设施、科技、农业、社会保障、林业等领域的政府和社会资本模式发展。

七是探索建立与政府和社会资本合作发展需要的财政管理模式和财政政策。今后，PPP 提供公共服务是常态，与政府主导公共服务模式相适应的财政管理模式难以适应发展需要，建立与之相适应的财政管理模式势在必行。加快改变市场失灵决定政府发挥作用、财政支持的财政管理思路，加快完善与政府和社会资本合作发展相关的财政政策。在出台和完善财政政策时，应以政府和社会资本合作提供公共服务为常态作为出发点，而不是针对政府、事业单位作为提供主体实施优惠政策。全面推广 PPP 模式，需要财政专项资金使用、管理的转型。系统梳理财政专项资金涉及的领域与用途，做好不同领域的财政专项资金与 PPP 模式对接。如果社会资本有积极性参与的，且可以实现使用者付费，财政可以逐步不安排专项资金。如果社会资本有积极性参与，但不能实现使用者付费，财政专项资金可能仍有必要存在。财政专项资金的专款专用性，可能更有助于增强社会资本参与 PPP 项目的信心。

第一章　政府和社会资本合作的前世今生

PPP 是 Public—Private—Partnership 的字母缩写，直译为"公私合作"，在我国语境下则使用"政府和社会资本合作"。政府和社会资本合作的核心是提供公共服务。政府和社会资本合作，就是充分发挥政府和市场、社会各自的优势，更高效地提供公共服务。理解政府和社会资本合作，应从政府与市场之间关系出发。

一、政府与市场关系的晚近动态

政府与市场关系凸显始于资本主义经济兴起，15世纪末西欧社会进入封建社会的瓦解时期，资本主义生产关系开始萌芽。随着中央集权制国家的建立和西班牙、葡萄牙国家地理版图的大扩张拓展了世界市场，给商业、航海业带来了极大的刺激，新兴资产阶级在商业资本方面逐步强大起来，商业资本发挥着突出作用，推动对外贸易的发展。但是，封建割据势力依然是发展的主要障碍，因此商业资本家们强烈要求政府对商业流通领域和关税进行干预，发挥政府的经济职能，在这一时期，政府干预的重商主义思想占主导地位。重商主义建立在这样的信念上：一国的国力基于贸易顺差所能获得的财富。因此，重商主义者认为要得到这种财富，就要由政府管制农业、商业和制造业，发展对外贸易，通过高关税率及其他贸易限制保护国内市场，并利用殖民地为母国的制造业提供原料和市场。

重商主义产生和发展于封建制度瓦解和欧洲资本原始积累时期，反映了当时历史时期商业资本的利益和要求。然而17、18世纪资产阶级革命后建立的资产阶级专政国家，挣脱了封建专制的枷锁。但是在经济上，一些旧的政策法令如税收制度、行会制度、货币制度、对外贸易中重商主义的保护关税政策等，仍然发挥着作用，国家管制反而束缚了市场经济的发展。随着资本原始积累的进行以及1640~1688年英国资产阶级革命和1789年法国大革命，资产阶级夺取了部分权力，代表新兴资产阶级利益和反映资本主义生产规律的新经济思想也在逐渐产生，这就是由重商主义过渡到古典经济学时期。从17世纪50年代一直到19世纪60年代，古典经济学占据经济思想的主流。以亚当·斯密为代表的一批学者在这一时期主张自由经济，发挥市场作用，要求政府尽可能少地干预经济。亚当·斯密在其著作《国富论》中第一次确立了系统的古典市场自发调节理论体系，以"经济人"假设为基础，认为人是理性的，在经济活动中总是自利的，追求个人经济利益最大化。在市场自由竞争的条件下，个人的经济行为可以在"看不见的手"的调节下自动达成社会利益的实现。由于追逐自己的利益，个人促进了社会利益，其效果要比他真正想促进社会利益时所得的效果更好[①]。在亚当·斯密看来，市场这只"看不见的手"是富有效率且具有自我调节功能，竞争的市场力量可以引导生产、交换和分配，并自动趋于充分就业，人类需要会被最大满足，政府不应当干涉经济，破坏自由市场机制的运行。据此，他明确给出政府的三个作用：保护社会，使其不受其他独立社会群体的侵犯；保护个人，使之不受社会其他人的侵害和压迫；建设维护公共事业或公共设施。

从17世纪50年代资本主义制度逐渐在西欧产生并确立，到20世纪30年代资本主义世界性经济危机爆发的这一历史阶段中，市场被赋予独立且至高无上的地位，崇尚市场的自组织和自发调节作用，政府角色仅仅是一个"守夜人"，不直接介入经济活动，政府职能边界被极度限制。特别是在产业革命时，自由主义思想发展到极致，资产阶级相信他们依靠自身力量能够发展经济，政府干预只会扰乱经济发展。"政府管也罢，不管也罢，世界总是自行运转"成为此历史阶段的经典言论。市场经济这只看不见的手，掌控着大部分经济资源的配置，政府居于"守夜人"角色，保护监护对象的合法权益不受侵犯、不被非法剥夺。

---

① 亚当·斯密：《国民财富的性质和原因的研究》下卷，商务印书馆1974年版。

二、政府职能及其活动范围扩展

市场机制的广泛应用给资本主义国家带来空前的繁荣与社会进步,但自1825年英国第一次爆发经济危机,且资本主义市场经济带来的众多问题,已表明市场经济制度并非完美无缺,市场的自发调节不能实现资本主义经济的长期均衡和稳定发展,市场本身无法克服相关难题,出现市场失灵。只不过,此时生产力水平仍处于飞速发展时期,自由主义市场经济的弊端还未集中爆发。尽管西方经济学家们仍在普遍歌颂自由市场思想,实践中各国政府也不干预经济生活,但已与实际情况很不相符。

1929~1933年的席卷资本主义世界的经济危机,深刻暴露了市场自身无法克服的缺陷和市场机制自发调节的局限性,使经济发展处在无政府干预就无法运行的瘫痪状态。危机期间,资本主义国家一方面产能过剩、商品积压;另一方面普通民众大量失业、缺衣少食、生活日益贫困。大萧条席卷美国,罗斯福实施"新政",拉开了政府大规模干预经济的序幕。罗斯福新政是美国以行政力量对经济进行全面干预的实验性措施,政府与市场关系的范式发生逆转,自由放任的市场经济时代宣告终结,政府干预兴盛起来。

经济大萧条催生了凯恩斯理论。资本主义世界经济危机和罗斯福新政显示了自由主义经济学的失败,凯恩斯主义脱颖而出,并为事实验证。凯恩斯早在1926年发表的《自由主义终结》预示了自由放任的死亡,于1936年出版《就业、利息和货币通论》一书则系统提出了国家干预经济的理论和政策,在西方世界产生巨大影响,政府干预主义由此在西方理论界占据主导地位,各国在实践中不断扩张政府职能及边界。凯恩斯提出政府干预的主要表现为三个方面:由中央机构精心控制信贷和货币;为整个社会决定储蓄和投资的规模;就人口问题制定公共政策。他相信通过政府的有效管理,可以使资本主义世界克服自身缺陷,成为比其他体制更有效率,更能提供更令人满意的生活品质的社会[①]。凯恩斯主义迎合了大萧条时代各种理论和政策需求,很快被希望克服20世纪30年代长期失业状况的各种政治势力接受,"福利国家"、"全能政府"等模式风靡世界各国。

---

① 顾肃:《自由主义基本理念》,中央编译出版社2005年版。

资本主义经济的繁荣与危机周期性循环，不仅引发了经济学家对政府与市场关系的再讨论，也导致社会学家对资本主义制度的反思。始于18世纪60年代工业革命从工场手工业向机器大工业飞跃，它不仅是生产技术上的革命，也引起了社会关系的深刻变化。一方面，随着大工业的发展，资本主义生产越来越社会化，生产资料私人占有和社会化大生产的矛盾不可调和，结果导致生产过剩、经济危机爆发。波及多国的经济危机的周期性爆发，使人们更深刻思考资本主义社会的基本矛盾，马克思探索到用生产资料公有制代替生产资料资本主义私有制这一解决矛盾的出路和途径。另一方面，工业革命后出现了现代无产阶级，工人运动兴起。现代无产阶级作为一支独立政治力量出现在历史舞台，俄国十月革命推翻资产阶级的统治，世界上第一个无产阶级专政的社会主义国家诞生。

"有计划的社会生产"是马克思、恩格斯关于社会主义经济设想中的一个重要观点，也是整个马克思主义理论逻辑的必然结论。在俄国马克思主义理论与实践史上，社会主义与计划经济紧密的联系在一起。"计划经济"体制这个概念出自弗拉基米尔·伊里奇。伊里奇在1906年写的《土地问题和争取自由的斗争》中写道："只要存在着市场经济，只要还保持着货币权力和资本力量，世界上任何法律也无力消灭不平等和剥削。只有实行巨大的社会化的计划经济制度，同时把所有的土地、工厂、工具的所有权转交给工人阶级，才能消灭一切剥削。"为实现共产主义理想，保证超高速工业化需要的财力、物力与人力资源，苏联建立起高度集权的计划经济模式，采用了高度的全民所有制和高度集中的计划经济，长期有限发展重工业特别是国防业，依靠政府力量大力发展高能耗、高原材料消耗、高人力投入产业，在苏联建国初期取得一定成效。自此，高度集中的计划经济体制被其他社会主义国家学习应用，市场在社会主义国家失去了生存空间，政府管理社会经济生活的方方面面。

三、从市场失灵到政府失灵

根据凯恩斯的经济学理论，通货膨胀率和失业率应当呈反方向变化。一般来说，经济下滑时，失业率会位于高位，社会需求不足，使得商品的价格下跌、通货膨胀率下降。经济过热时，由于物价水平不断走高，社会对商品或服务的需求有所下降，从而导致经济的下滑，失业人数增加。然而20世纪70年代，美国、英国等主要资本主义国家遭遇经济"滞胀"。"滞胀"是经济增长停滞同时伴随着通货膨胀的状况。关于引起"滞胀"的原因，经济学家众说纷纭，然而学者普遍认为第二次世界大战后美国经济依靠加大政府支出获得的快速成长，尤其是20世纪60年代持续过热的增长，为后期的经济衰退埋下祸根。为了刺激有效需求，西方国家大大加强了对经济的干预，采取扩张性财政政策和货币信用政策应对经济危机、刺激经济增长，导致货币供应量的增长超过国民经济发展的需要，货币超发使得需求增加，物价持续上涨。但是，西方国家持有钞票的投资者并没有把钱投资到制造业上，而是把钱投到了当时发展迅猛的金融服务业，实体经济缺乏增长点，扩张性财政政策和宽松的货币政策不但没有刺激经济增长，反而火上浇油，通货膨胀率恶性上涨。

为了应对"滞胀"，西方国家进行大刀阔斧的改革，其中以美国里根政府改革和英国撒切尔夫人改革为代表。1981年，里根入主白宫，里根政府认为，国家对经济过度干预，限制了经济活力，是造成经济恶性循环的根本原因。为了应对"滞胀"，里根政府采用了四个措施：稳定货币供应量、减轻税赋、缩减开支、减少政府干预。最为有效的两条是减少政府干预和稳定货币供应量。第二次世界大战后30多年来，英国两党奉行"巴茨克尔主义"，这是一种建立在凯恩斯主义理论和"各阶级合作主义"基础上的福利资本主义。随着这一政策逐渐失灵，以撒切尔夫人为首的保守党政府为根治"英国病"开出了另一个处方。其基本内容是，在经济上强调发挥市场机制的作用，减少国家干预，推行私有化和货币主义政策；在政治上反对英国工党的"社会主义"，打击工会和劳工运动，强化资本主义制度。第二次世界大战以后，全面改革是大势所趋，西方国家比较普遍地提高居民福利、推行企事业国有化。但是，提高福利和企事业国有化，都存在一个是否适度的问题。因为不仅提高福利和事业单位国有化需要政府补贴，而且，国有企业单位因亏损者居多，也要政府补贴。如果补贴数额超过了国家经济承担能力，就会"过了头"。英国就是一个"过了头"的国家。在1979年撒切尔夫人上台前，英国政府每年都要拿出大量的资金用于上述补贴，使得应该用于扩大再生产等一些必要的资金不足，导致英国的经济发展速度慢，失业率高，通货膨胀率高，经济状况差。撒切尔夫人竞选首相的施政纲领，就是要积极改革，采取国有企业私有化和住房私有化等一系列改革措施，以减少政府的负担和复苏经济。其中一项重要的改革就是以提高住房自有率为重点的住房制度改革。

社会主义国家的计划经济体制同样面临着弊端，以中国为代表的社会主义国家进行市场改革，充分发挥市场作用。就中国而言，自从1978年实行改革开放以来，政府与市场关系不断理顺，特别是 1992 年中国共产党第十四次代表大会确定社会主义市场经济体制改革目标和市场在资源配置中起基础性作用，将政府与市场关系的发展推向新阶段。伴随着改革开放的深入推进，市场的作用不断扩大，逐步形成具有中国特色的社会主义市场经济。2013 年中国共产党第十八届中央委员会第三次全体会议通过的《关于全面深化改革若干重大问题的决定》，提出"使市场在资源配置中起决定性作用和更好发挥政府作用"。让市场在资源配置中起决定性作用，最大限度激发各类市场主体创业创新活力，有利于加快转变经济发展方式，推动经济更有效率、更加公平、更可持续发展。

四、新公共管理运动：自由化、改革与放松管制

改革是因问题而生的。第二次世界大战的胜利、战后复苏与繁荣的愉悦之后，经济滞胀、民权抗争、石油危机和财政减收等一系列经济社会问题，在西方国家持续爆发。主要资本主义国家出现经济停滞的同时，通货膨胀却持续走高。比如 1957 年在美国发生的经济危机中，工业生产下降了 13.5%，而消费物价却上涨了 4.2%。对此，凯恩斯主义既无法解释这一困局产生的原因，也没有解决这一困局的对策。1973 年开始爆发的石油危机，油价在短期内迅猛增长，对全球经济尤其是发达国家的冲击巨大。经济的不景气使得财政收入大幅度减少，但在公民意识觉醒、政府责任扩张的背景之下，政府的财政支出责任不但没有减少还有所增加，从而迫使政府提升行动能力和效率。

社会方面，战后欧美国家的公众，民权诉求、少数族裔抗争、妇女儿童权益保护等公民运动不断进行。其中，美国黑人等少数族裔为平等权益而进行的抗争运动尤为突出。比如：1956 年马丁·路德·金领导的黑人解放运动。1963 年 4 月发生的反种族隔离示威运动和多达 25 万人向华盛顿进军的运动，甚至还出现了大量的武装暴力抗争，如 1964 年，纽约市因警察枪杀黑人儿童，而爆发了数千黑人与警察持续两天的对抗；1965 年，因黑人投票权问题又在多个州爆发了严重种族冲突；洛杉矶黑人针对军警发起了爆炸攻击还发生了武装冲突；1967 年美国有 128 个城市发生了暴力抗争[①]。在民权运动的持续压力之下，西方国家一方面，修补权益分配的法规政策，如美国解除种族隔离的民权法案和公民投票

---

① （美）罗伯特·L. 艾伦：《美国黑人在觉醒中》，上海人民出版社 1976 年版。

权的民权法案等。另一方面,纷纷完善社会福利保障,美国的约翰逊总统还发起了保障少数族裔和女性的"平权运动"。

为应对上述危机,美、英等国拉开了全方位改革的序幕,新公共管理运动应运而生。围绕公共价值和公民诉求,欧美国家成功实施了公务系统的价值再造和流程重组,如图1-1所示。通过改革,在财政收入减少的情况下,英、美等西方政府提供的公共服务不但没有减少,而且服务质量得到改善、公民满意度也得以提高。

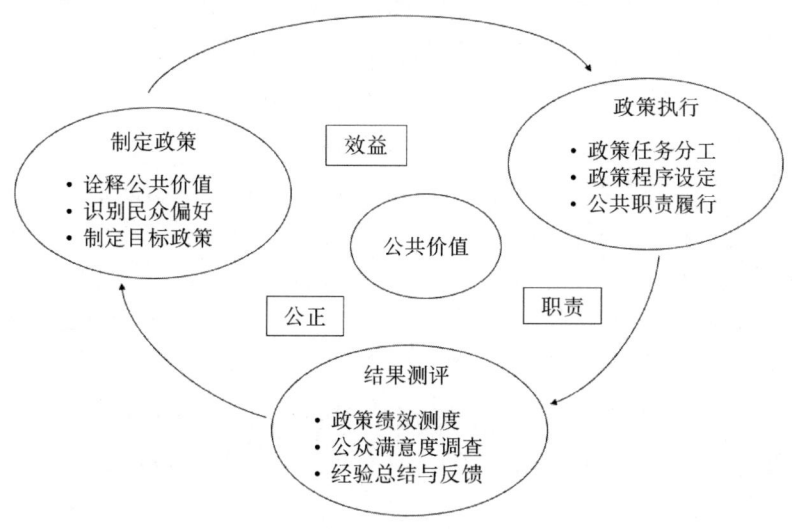

图1-1 新公共管理下的价值塑造
资料来源:参考马亭亭,唐兴霖.公共价值管理:西方公共行政学理论的新发展[J].行政论坛,2014。

新公共管理借鉴了企业管理的思想,强调政府的效率、回应、竞争、绩效与授权①。它认为政府没有可能也没有必要包办过多的事情,经济活动要按市场规律来;资源配置更多地让市场机制发挥作用②;也更注意倾听"顾客"的诉求,更重视社会力量的作用,并对政府的职能与定位、权力与责任、方式与作用等众多方面都再次进行了深入的审视与探索③。明确作用与手段的分离,政府不要事必躬亲,将力量更多地用在决策与导航上,而不是操作执行层面;重视使命与目标,政府服务的提供要针对公民的"需求",公职人员要有使命感与事业心,注

---

① (美)戴维·奥斯本特德·盖布勒:《改革政府》,上海译文出版社2006年版。
② 米尔顿·弗里德曼:《资本主义与自由》,商务印书馆2004年版。
③ 史蒂文·科恩:《政府全面质量管理:实践指南》,中国人民大学出版社2002年版。

重效果和效率[①]；主张授权与协作，政府的力量是有限的，应该通过合同等多种形式更多地授权给其他主体，与社会其他主体更多地相互协作[②]。

  新公共管理的实践兴起于英美国家并逐步扩散，而掀起这场改革大幕的是英国首相撒切尔和美国总统里根。1979年英国保守党首相撒切尔夫人上台，英国当时的通货膨胀率高达21.9%，经济发展速度慢，失业率高；另外，国有企业把持了经济的很多领域。一些国有企业效率低、效益低，工会势力影响大等问题非常的突出。撒切尔夫人大力向公众宣传国家所面临的困难和不得不改革的境况，取得了很多民众和社会精英的支持。她减少管制、缩小政府的规模，更注重政府"掌舵"的作用而不是"划桨"。她顶住了工会大规模罢工的巨大压力，将采矿、铁路、航空和公用事业等国有企业私有化，很多公共服务或准公共产品也交由私人主体来生产。此外，她还有计划地放松对市场的管制，让市场在资源配置和经济调节上发挥更大的作用；撒切尔夫人还努力提高政府的运行效率，削减财政赤字，减少了公共福利的财政支出。她奉行弗里德曼的货币主义政策，紧缩公共开支、控制货币供应量、大幅度提高利率以抑制通货膨胀；最后，她进行了税制改革，降低税率，以增加企业投资和居民消费的积极性[③]。这些改革使得英国经济逐渐恢复了活力。

  1981年美国总统里根就任时，美国的通货膨胀高企，甚至到达了两位数的恶性通货膨胀。就业情况也很不理想，据统计失业人数有800万人之多。平均劳工薪资比五年之前至少下降了5%，然而联邦平均个人税率却高达67%。面对这种恶劣局面，新上任的里根总统积极进行改革。他大规模减少了政府对经济和市场的干预，放松政府对市场的管制，逐步加大私人和地方政府的作用。比如，联邦政府停止了对石油价格的控制，来恢复国内石油生产和探测的市场动力；他一方面大力开展减税，以增加企业投资和生产的积极性，刺激居民消费；另一方面，他也采取了一些紧缩性货币政策来控制通胀，并且配合减税政策来激励投资。但是里根的改革，也存在着一些争议，比如减税政策对富人更有利，这加剧了贫富差距；他第二任期大规模地提高政府支出反而大幅增加了联邦债务[④]。

  新公共管理改革不断深入和扩展。1984年上台执政的新西兰工党政府开始进行全面而长期的政府改革，全面重组了政府的核心部门，出台了《政府部门

---

① 莱恩著，赵成根译：《新公共管理》，中国青年出版社2004年版。
② 凯特尔：《权力共享》，北京大学出版社2009年版。
③ 玛格丽特撒切尔：《通往权力之路》，国际文化出版公司2005年版。
④ 杨鲁军：《第二次革命：论里根经济学》，格致出版社2009年版。

法案》，逐步将公共企业交由社会资本来运营，建设高效廉洁的政府组织，形成了令人瞩目的"新西兰模式"①。1989年，加拿大政府成立了"管理发展中心"，并依据"加拿大公共服务2000"的纲领指导开始改革，改革还借鉴了企业管理中的一些方法和手段。1992年胜选的美国总统克林顿将"更少的花费，更好的工作"作为政府工作的目标，主张重塑政府，成立了副总统戈尔领导的国家绩效评估委员会，并于1993年开始进行联邦政府的绩效评价，随后大部分州和地方政府也开始了公共服务改善计划和政府绩效评价工作，并取得了良好的效果②。法国、德国等西方工业国家以及韩国等新兴工业国家也纷纷效仿，推出了各自的改革。

新公共管理运动的开展对于西方国家应对经济、财政和社会危机起到了重要的作用。对经济、效率和效益的追求，使政府组织方式得以改进，运行效率提高，服务意识增强，对民众需求响应提升。但过度强调市场化和绩效也会产生负面的影响。西方国家的实践经验表明，新公共管理改革也存在一些问题。公共事业的私有化，市场逐利、市场失灵等因素可能损害社会公益和社会公平。政府的政策目标具有多元性，过度强调单一目标可能会忽视其他诉求。政府绩效难以考核，绩效考核也可能扭曲公职人员的行为。过度竞争还不利于政府部门间的协作，市场化和竞争化对公职伦理也会产生负面的影响。而新公共管理改革也在持续完善和发展之中，比如更加强调公共服务中公民权益的维护，注重人性和社会价值，强调公共部门之间的协调等。公共服务提供方式也在不断地创新与完善，PPP模式便是其中的典型代表。

五、政府和社会资本合作：充分发挥政府与市场各自优势

目前，对PPP尚没有公认的精确定义，国际组织和发达国家普遍把PPP理解为政府和企业的一种伙伴关系，世界银行将PPP定义为公私合营伙伴。不论哪种定义，其核心都是政府与社会资本（或企业）合作提供公共服务。

PPP架起了政府和社会资本双方的桥梁，是聚合社会资源的有效模式。社会

---

① 盛元芝："从'新西兰模式'到'整体政府'：看公共行政范式的转换"，华中师范大学，2011年。

② 唐兴霖，尹文嘉："从新公共管理到后新公共管理——20世纪70年代以来西方公共管理前沿理论述评"，《社会科学战线》，2011年第2期，第178-180页。

的发展和政府责任的不断扩大，在财政预算的约束下，政府履行公共职责的压力会不断增大。怎样满足居民对优质、多样公共服务的需求显得越发迫切。PPP 不仅是提供公共服务的新模式，还是沟通政府、居民、社会资本各方的重要桥梁，它不仅有利于提高对民众偏好的识别能力，提高公共服务的供给效率和服务能力。PPP 能够有效地聚合政府、社会资本等多元主体的资源，实现优势互补。一方面，它有利于社会主体充分发挥其资金、技术、管理等优势，有利于政府专注于公共决策和监督管理，还能够充分利用现代市场机制、公司制度、金融制度等高效机制的作用发挥。另一方面，PPP 对于参与主体来说，也释放出一系列巨大的机会。对于寻求商业利益的企业来说，原先一些被政府或国有企业所垄断的行业，也通过 PPP 模式推广的契机而逐步开放，与 PPP 相关的金融、咨询、法律服务等相关产业因此发展起来，相关的产业链逐步完善和发展成熟。对于促进宏观经济发展而言，PPP 模式有利于增加基础设施和扩大固定资产投资；有利于应对经济的下行风险，有利于经济的稳定增长。

PPP 创新公共服务模式，实现社会"多元共治"①。PPP 是政府和市场、社会等主体分工合作来提供公共服务，重新塑造社会治理结构，协调好政府、市场和社会三者之间的关系。首先，不仅要注重治理制度的建设，更要深入到治理行为的安排上；不仅要建设好宏观的、刚性的治理制度，还要把握好微观的、灵活的治理行为和具体操作。其次，行政权力有序下放的同时，还要在行为主体之间进行有效的分配，由二维的、科层的社会管理变成三维的、多元的社会治理，充分激发社会各主体的积极性，从而实现"善治"② 的良好局面。再次，要将静态的物权控制转化成动态的产权配置，盘活存量资源，加强产权流动，优化资源配置。最后，转变政府管理、调控经济的方式，给予社会主体更多自主权和更灵活的创新与实践的空间。此外，在推广 PPP 模式，不断加强制度环境的建设，给予社会主体更加明确的行为预期，实现多元主体的有机协作和良性互动。

发挥 PPP 的改革绩效③，优化社会的利益结构，完善社会的运作方式。PPP 模式是打破政府与社会两大领域之间长期隔离的僵化思想，有效缝合领域之间的隔阂与间隙，促进不同领域的沟通与协调。运用 PPP 模式来提高资源的配置效

---

① 刘尚希："'多元共治'破解 PPP 立法难"，经济参考网，2016 年 2 月 28 日，http://jjckb.xinhuanet.com/2016-02/28/c_135138472.htm。
② 俞可平：《治理与善治》，社会科学文献出版社 2000 年版。
③ 刘尚希："PPP 是不亚于市场化改革的一项重大改革"，人民政协网，2016 年 3 月 29 日，http://www.rmzxb.com.cn/c/2016-03-29/748405.shtml。

率,将原先政府与市场这两个分开的"配置之手"结合起来,同时充分发挥政府和市场的优势。这既减轻了政府的财政支出负担,又调动了社会资本的积极性,还有利于为居民提供数量更多、质量可靠、价格合理的公共产品,实现不同主体共赢。而且,PPP 有利于社会运作方式的不断完善。政府由事必躬亲和无限责任的状态,转变为决策导航和保障托底的新常态。市场在资源配置、投资决策、行为选择上有了更多的自主权和更灵活的创新空间。对企业的管理也将更为宽松,国有企业、民营企业、外资企业等不同类型的企业主体在市场准入、投资限制等方面将更为公平,"弹簧门"、"玻璃门"等现象将逐渐改善。

PPP 模式开启了持续创新的大门。PPP 不是简单的制度变更,而是一系列动态的创新组合。不仅有制度法规、理论方法、操作执行等创新,而且还有政府和社会资本主体的行为方式、互动关系、运行模式的创新。PPP 模式下,政府授权但并未推脱责,它通过目标设定、项目评估、竞争招标、合同订立、参与支持、监理项目、订立审查等多种方式来确保公共利益和民众福祉;企业获益但无暴利,市场化运作不但要考虑收益成本,要过消费者这一关,而且要接受公共部门的价格与质量审查。另外,PPP 要求各个参与方秉承收益共享、风险公担、诚信负责的态度。也只有政府、社会资本等主体成功实现了这些转变,PPP 项目才能顺利实施,才能实现政府履行了责任、企业赚取了收益、民众获得了服务的结果。对此,美国、英国、德国、日本等国的历史经验也能够充分印证 PPP 的积极意义[1][2]。

六、政府和社会资本合作生命史:从滥觞到全球实践

(一) 全球范围内兴起了运用政府和社会资本合作提供公共服务的浪潮

PPP 产生于西方发达国家。20 世纪 90 年代以前,虽然欧美等国家已经有过

---

[1] 萨瓦斯:在保持服务水准和质量不变的情况下,并将项目管理和监督成本计算在内,由社会资本承包运营的项目比原先平均节省四分之一的成本。萨瓦斯:《民营化和公私部门的伙伴关系》,中国人民大学出版社 2002 年版。
[2] 英国采用 PPP 模式对原先公共项目建设工期超时和工程预算超支"双超"问题有较大的改善。同时,由社会资本承担更多的项目风险也对项目风险防控和减少产生了更多的激励效果。谢煊,孙洁,刘英志:"英国开展公私合作项目建设的经验及借鉴",《中国财政》,2014 第 1 期。

PPP 的实践①。但直到 1992 年英国政府创立私人融资计划（PFI）②模式，才真正开启了现代 PPP 的新时期。这是一种以市场契约为基础，政府和社会资本双方平等、长期合作，既充分发挥社会资本的技术和效率、管理、运营优势，又发挥政府作用，维护公共利益，为广大民众提供质量较好、价格相对合理的服务或产品。英国、法国、澳大利亚等国的 PPP 实践绩效吸引了其他很多国家的效仿。

由于 PPP 模式在发达国家的实践证明了其对公共服务供给效率、资金节约等作用，因此，很多发展中国家积极学习这种模式，并大力推广和应用这种模式。比如：马来西亚在 20 世纪 80 年代为贯彻企业本土化政策，而积极推广 PPP 模式来进行基础设施建设和公共服务供给，并把 PPP 作为实现 5 年规划的重要方式。巴西早在 2004 年 12 月便通过了专门的 PPP 法案，并将 PPP 模式作为灌溉、交通以及公共服务项目的重要组织方式。在 20 世纪 90 年代，菲律宾国内涌现出多种形式的 PPP 项目，涉及电力、教育、卫生、基础设施等众多领域，而且还积极利用澳大利亚、加拿大等国家国际援助来发展本国的 PPP 项目。通过自主实践和国际援助两种途径，广大发展中国家也积极开展 PPP 实践。据统计③，从 2000～2014 年，世界银行等国际组织，微软公司等跨国企业、非营利组织、基金会、大学、英国国际发展部、美国国家开发总署等政府机构、地方协会、中小企业、美国商会等超过 3000 个捐赠主体向世界上 91 个国家的 1383 个 PPP 项目提供了资金援助，如表 1-1 所示。

这些援助的生命周期总价值达 143 亿美元，其中美国国家开发总署对 PPP 项目的直接援助就有 38 亿美元。PPP 项目接受国际援助的地域分布广泛，遍及非洲、拉丁美洲、亚洲和欧洲。各国接受援助的 PPP 项目主要集中在健康医疗保

---

① 法国早在 16 世纪就利用私人资本进行公共设施的建设，到 20 世纪 70 年代法国在特许经营和合伙合同上的实践越来越多。20 世纪 80 年代，在美国电力承购领域便已经有 PPP 模式的应用了。佘渝娟；叶晓甦："PFI 与 PPP 项目融资模式比较研究"，《商业时代》，2010 年第 24 期。1987 年，澳大利亚也已经开始实施悉尼隧道项目了。

② PFI（Private Finance Initiative 私人主动融资计划）只是公私合作的模式之一，但在 PPP 发展历程上它有重要的地位。它注重政府的发起、审查作用，民间融资、提供服务的有效结合。也正因为这种模式在英国公共服务供给过程中发挥的良好作用，成为了众多国家效法的对象。

③ 资料来源：美国布鲁金斯学会网站，由美国国家开发总署统计，http://www.brookings.edu/~/media/research/files/papers/2014/10/10-usaid-public-private-partnerships-ingram/ingram-ppp-fact-sheet-final.pdf。

地域分布上，非洲国家（不含北非）的 423 个项目得到援助，拉丁美洲的援助项目有 394 个，亚洲国家（不含中东）获援助项目有 340 个（其中，阿富汗和巴基斯坦共得到 66 个 PPP 项目的资金援助），欧洲有 170 个 PPP 项目获援助，中东和北非地区有 56 个 PPP 项目受援助，此外还有 62 个全球性的 PPP 项目获得了援助。

表1-1　　　　　　　PPP项目受援国的地域和数量分布情况

国家	受援项目（个）	国家	受援项目（个）	国家	受援项目（个）
哥伦比亚	100	马拉维	29	马里	20
南非	82	赞比亚	29	莫桑比克	20
印度	70	尼加拉瓜	27	越南	19
格鲁吉亚	62	亚美尼亚	26	巴拿马	19
菲律宾	61	厄瓜多尔	26	塞内加尔	18
萨尔瓦多	56	埃塞俄比亚	26	纳米比亚	16
秘鲁	53	安哥拉	25	孟加拉国	16
阿富汗	51	多米尼加	25	尼泊尔	15
肯尼亚	50	俄罗斯	23	巴基斯坦	15
加纳	46	卢旺达	23	斯里兰卡	14
危地马拉	46	埃及	22	海地	14
印度尼西亚	43	约旦	21	柬埔寨	14
尼日利亚	41	玻利维亚	21	科特迪瓦	14
乌干达	37	墨西哥	21	哈萨克斯坦	13
坦桑尼亚	36	牙买加	20	几内亚	11
洪都拉斯	32	乌克兰	20	泰国	11
巴西	29	刚果（金）	20	布吉纳法索	11

资料来源：brookings.

障，农业和粮食安全，经济增长、贸易和创业扶持等领域。总的来说，经过世界各国不断的实践探索，PPP模式取得了很多重要成果。

（二）各国积极将政府和社会资本合作模式运用在各领域

各国积极探索，将PPP模式运用到各个公共服务领域。比如：截至2012年，英国在运营的PPP项目有648个，投资名义金额总值多达547亿英镑，覆盖到教育、医疗、交通、废弃物处、市政工程、司法、监狱、图书馆、消防等众多领域，私人融资计划（PFI）融资方式已占到英国全部基础设施融资建设的10%~13%[1]。

---

[1] 赵福军，汪海：《中国PPP理论与实践研究》，中国财政经济出版社2015年版。

第二章 政府和社会资本合作在全球范围内探索中的重要成果

政府和社会资本合作模式（PPP）顺应了时代发展的需要，对政府与市场功能的重新定位，充分发挥政府、市场各自所长，高效提供公共服务，PPP 在世界范围内开花结果。自 1992 年英国政府首次推出 PFI 模式以来，PPP 模式对提高基础设施、公共服务的建设和运营效率、节约成本、提升服务效能等方面发挥了重要的作用。其他国家纷纷效仿运用 PPP 模式提供公共服务，形成了 PPP 模式在世界范围内迅速推广应用的热潮。根据布鲁金斯与洛克菲勒基金会在 2011 年发布的报告，1985~2011 年，全球基础设施 PPP 名义价值为 7751 亿美元，其中，欧洲处于 PPP 发展的领先地位，亚洲、拉丁美洲等地区的 PPP 也有所发展。2012 年，Partnerships Bulletin 和德勤对 70 多家国际领先的 PPP 企业进行调查，评选出了全球五大最活跃的 PPP 市场，依次为加拿大、美国、法国、比荷卢经济联盟和英国。可以说，经过几十年的发展，PPP 模式实践遍及全球发达国家与发展中国家，积累了丰富多样的经验，逐渐形成一整套成熟的 PPP 运作模式。PPP 模式运用具有灵活性与规范性，操作技术与治理结构日趋合理。实践证明，PPP 模式已经成为公共服务提供的新模式，在世界范围内提高了政府管理、动员社会资源的效率。

尽管 PPP 模式在全球诸多国家得到广泛运用，但在各国发展并不均衡。根据市场成熟度由高到低划分，应用 PPP 模式的国家可分为三类：第一类是政府和社会资本合作的复杂程度和活动程度最高，以英国、澳大利亚为代表；第二类是政府和社会资本合作的复杂程度和活动程度较高，PPP 市场成熟度较高，以美国、日本、德国、荷兰、意大利、新西兰、爱尔兰、法国、加拿大等国家为代表；第三类是政府和社会资本合作的复杂程度和活动程度较低，PPP 市场成熟度较低,以中国、印度、俄罗斯、匈牙利、捷克、比利时、南非、丹麦、巴西等国家为代表。本章介绍 PPP 全球探索的关键成果,主要关注前两类国家的实践经验。

一、政府和社会资本合作运用更灵活和多样

在 PPP 模式向全球范围内快速发展过程中,各国对 PPP 模式进行了多样化的探索和实践,在适用领域、运作模式等各方面进行了大量的创新,释放了 PPP 模式在公共服务提供方面的巨大活力。目前,PPP 成为提供公共服务的重要模式,而非只是简单模仿、套用的固定模式。

(一) 运用政府和社会资本合作提供公共服务的领域越来越广

PPP 运用领域不断扩展。在探索早期阶段,PPP 主要运用于基础设施投资领域,主要包括道路、高速公路、铁路、桥梁、隧道、机场、通信、电力等领域。在此阶段,各国采用 PPP 模式的主要目的是,保证项目工程建设的质量和如期完成,并控制项目预算,提高公共项目建设的效率。PPP 模式最早被英国政府提出、应用,经实践证明,运用 PPP 模式提供的工程可节省 17% 的资金;80% 的工程项目按期完成,其他 20% 拖延时间最长不超过 4 个月;80% 的工程耗资均在预算之内,而超预算的 20% 是由于政府调整方案所致。对比常规招标项目 30% 的项目如期完成率和 25% 的预算内完成率,PPP 模式的优势不言而喻[①]。

由于 PPP 模式对提供公共服务、基础设施建设和运营具有积极的推动作用,各国积极推动 PPP 模式,并尝试推广其应用领域,PPP 模式运用出现多样化趋势。

一是 PPP 模式应用领域由经济领域推广至社会领域。PPP 建设不局限于道路、高速公路等经济发展必须的基础设施,而是扩展至医院、学校、政府办公楼、住宅、供水、污水处理、监狱、城市改造等社会领域,并进入公共文化领域,如文化中心、博物馆、图书馆、美术馆、体育场等公共文化项目。

二是由单纯基础设施建设发展至公共服务提供。2007~2011 财年期间,全球 PPP 投资额每年新增 790 亿美元,并从传统基础设施领域扩展至卫生和教育领

---

① 陈辉:《PPP 模式手册:政府与社会资本合作理论方法与实践操作》,知识产权出版社 2015 年版。

域。PPP 逐渐涉足于促进经济发展的研究开发、技术转移、职业培训等公共服务和社区服务、社会福利、安全保障、环境规划等社会服务领域。总体来看，PPP 应用领域由"硬件公共服务"发展至"软件公共服务"。

纵观不同国家 PPP 应用领域发展，不难发现：虽然各国推广应用 PPP 存在国别差异，但运用 PPP 模式提供公共服务成为普遍趋势。2005~2009 年，英国 PPP 项目的分布，按数目衡量，教育领域占 35%，卫生领域占 34%，一般公共服务领域为 14%，环境、交通运输业仅占 4%，国防和公共秩序领域 PPP 项目的数目占比也有所下降；从项目金额来看，交通运输领域的 PPP 所占份额为 17%，教育领域占 27%，卫生领域占 25%[①]。截至 2012 年，英国在运营的 PPP 项目有 648 个，投资名义金额总值多达 547 亿英镑，覆盖到教育、医疗、交通、废弃物处、市政工程、司法、监狱、图书馆、消防等众多领域，PFI 融资方式已占到英国全部基础设施融资建设的 10%~13%[②]。

英国以外的欧洲大陆国家，PPP 项目分布主要集中在交通运输业。2005~2009 年，从数目来看，交通运输业项目所占比例大约为 41%；从项目金额来看，交通运输业大约占到 76%，接下是教育和卫生，它们在数目上合计占比为 26%，金额上合计占比 11%[③]。截至 2013 年，加拿大一共有 220 个 PPP 项目，按照累积项目金额排序，前五大 PPP 行业分别为：交通（314 亿加元）、医疗健康（224 亿加元）、司法/劳改（55 亿加元）、能源（45 亿加元）和教育（17 亿加元）。

（二）政府和社会资本合作应用范围越来越多样化和差异化

1. 政府和社会资本合作实践不断催生多样化的探索

PPP 应用领域的多样性不仅体现在实践中应用领域的多样性，也表现为各国法律条文对 PPP 适用范围的规定方式的多样性。完全列举 PPP 应用范围的国家和地区如柬埔寨和中国台湾地区。列举法对于 PPP 项目应有范围的有较为清晰界定，但对 PPP 实务的指导作用并不明显，可能使得潜在的 PPP 项目因不在列举清单里而使得项目难以成型。国际社会上更主流的做法是，通过强调 PPP 项目的一般特点，以及 PPP 是否能够更好地实现物有所值这两点，来凸显出 PPP

---

① "公私合作伙伴关系的全球发展趋势及政策启示"，http://www.icc-ndrc.org.cn/Detail.aspx?newsId=3561。
② 赵福军，汪海：《中国 PPP 理论与实践研究》，中国财政经济出版社 2015 年版。
③ "公私合作伙伴关系的全球发展趋势及政策启示"，http://www.icc-ndrc.org.cn/Detail.aspx?newsId=3561。

的适用范围。欧盟、美国、英国、澳大利亚、新加坡、中国香港等地区或国家都普遍采取后一种方式，这给政府利用 PPP 模式以更大的灵活性。

PPP 应用领域的扩展必然会带来情况复杂性、不确定性增加，由于项目市场需求、风险、收益等因素差异较大，必然需要更灵活的运行模式与之配套。在 PPP 发展最早的英国，90 年代的大部分 PPP 项目都是在私人主动融资模式下展开，也运用了合资、特许经营、信息与通信技术等。随后逐渐形成狭义的 PPP 模式，即设计——建造——融资——运营（Design – Build – Finance – Operate，简称 DBFO）模式。在该模式下，政府制定公共服务的标准，私人部门据此设计、建造相应的设施来提供服务，并负责融资和运营。与此同时，政府作为服务的主要购买者，向私人部门支付使用费。运营期满，有关设施移交政府部门管理。欧洲 PPP 报告则指出，各国对 PPP 的界定具有广泛差异，一些国家将 PPP 的仅限于特许权项目，而在另一些国家将 PPP 拓展到各种类型的服务外包、公共部门与私营部门之间各种形式的共同合作这就是广义的 PPP 模式。在广义的 PPP 模式中，PPP 模式发展为从完全由公共部门提供公共产品到完全私有化之间的一个区间分布，针对新建项目，按照私人部门参与程度逐渐提高，包括建造——移交（Build – Transfer，BT）、设计——建造——维护（Design – Build – Maintain，DBM）、建造——移交——运营（Build – Transfer – Operate，BTO）、建造——运营——移交（Build – Operate – Transfer，BOT）、建造——拥有——运营——移交（Build – Own – Operate – Transfer，BOOT）、建造——拥有——运营（Build – Own – Operate，BOO）、设计——建造——融资——运营（Design – Build – Finance – Operate，DBFO）；对于已有资产的改造、运营、维护，按照私人部门参与程度由低到高分为服务合同（Service Contract，MC）、管理合同（Manage Contract，MC）、租赁（Lease）、特许经营（concession）和资产剥离（Divestiture）。

不同的 PPP 模式为各国应用 PPP 模式提供了参考，政府可按照项目具体情况选择相应的 PPP 模式。在 1997 年，英国政府意识到 PFI 模式并非适用于所有试图采用 PPP 项目，例如信息和通信技术、学习、健康、住房等领域，就开发了其他的 PPP 结构，采取适用于不同领域、不同项目的 PPP 模式。英国在其公立医院系统、美国在其公立学校系统开始引入私人资本参与竞争。其主要做法就是以代用券的引入改变了拨款方式，由原来的拨款给服务供给单位，转变为拨款给每一位消费者。以美国的公立教育为例，每个有学龄儿童的家庭都会得到一张与学龄儿童的学费相当的代用券，持此代用券的家长可以将他们的子女送入任何一类学校，无论是公立学校、私人学校还是特许学校。家长在将孩子送入学校的同时也将代用券交付给学校，学校就可以凭此代用券到发券的政府机构兑换相应数量的现金。这就意味着公立学校若吸引不到足够的学生，就会面临缺少资金而难以维持的命运。这种做法实际上是通过代用券这一媒介，让私人资本参与到了基本公共服务的供给之中，并形成了公私之间的合作与竞争，迫使公共组织改进服务质量。

2004年以来发生的另一个变化是"混合型"PPP模式的出现，模糊了传统的PPP和公共采购模式的界限。虽然有充分的证据表明，PPP相对于传统采购模式的优势，但PPP模式的推行并不是没有困难。对小型项目来说，采用PPP模式程序较为复杂，并且成本很高。有时候，PPP模式的运作和管理超出了公共部门的能力范围。另外，有些项目周期较长，要精确定义项目成果非常困难。这些问题催生出了新的混合型PPP模式。新的模式有利于降低采购成本、对基础设施的需求保持适度的弹性，但仍以清晰的责任界定和适度的激励为基础。混合式模式包括多种不同形式的"管理合同"，公共部门雇用一个合同商，在一个总价合同下代表政府管理包括设计、建档和建造在内的全部或部分。这种管理合同的一种形式是"渐进式伙伴关系"。政府和私营部门缔结一个框架合同，由私营部门代为采购必要的基础设施和服务。英国出现的另一种情况是捆绑一批项目，分阶段实施。这种方式是与一个单个的合同商签订合同，内容包括分步实施几个小型项目，这样可以降低交易成本、缩短采购程序。"联盟"也是一种采购模式。在一个"联盟"协议下，在营造"不责备"和"结果导向"合作文化的基础上，公共部门和合同商分担风险。另一种新的方式也开始在英国试行，叫做信用担保融资（CGF）。这种方式使用政府贷款，但由私营部门提供一揽子风险管理①。

传统采购方式和典型PPP模式的区别开始变得模糊，这种趋势是由于满足不同的风险偏好和基础设施服务需求的需要而产生的。因此，不存在硬性的标准或现成的规则，来决定什么样的情形下适合采用PPP模式。

2. 政府和社会资本合作探索呈现差异性

世界范围内的PPP发展呈现差异性。如图2-1所示，截至2011年全球基础设施PPP项目名义投资量为7751亿美元，其中欧洲项目的投资额约为3534.5亿美元，占比45.6%；亚洲和澳大利亚占比25.2%，拉丁美洲和加勒比地区占比11.4%，美国为8.8%，加拿大为5.8%，另外非洲和中东地区项目金额所占比

---

① "PPP革命何以席卷全球？"，来源：中华人民共和国财政部网站，2016年4月21日。

例为4.1%[①]。从欧洲来看，1990~2009年共实施了1300个PPP基础设施投资项目，名义投资总额高达2500亿欧元，其中英国就占到了项目总数的三分之二。

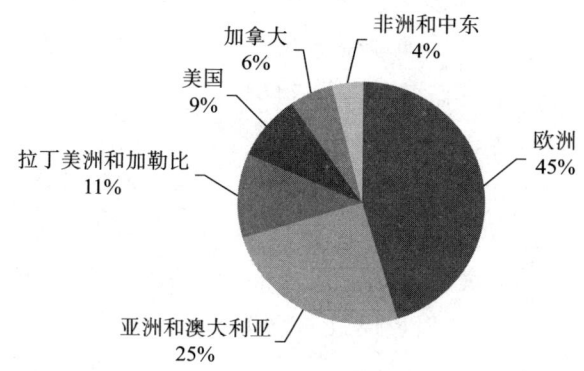

图2-1 截至2011年全球基础设施PPP项目投资分布图

另外，PPP运作模式和应用领域等都呈现差异性。在PPP运作模式上，英国PPP项目大多采用PFI模式，法国的PPP项目大多采用特许经营模式。在应用领域上，西班牙交通运输行业运用PPP模式相对较多，而英国教育和医疗领域则运用PPP模式相对较多。在推进PPP发展设计的机构上，英国设置了全国性的PPP中心，英国财政部PPP工作组和"英国合作伙伴关系"（Partnership UK）[②]，在地方也建立了相应的机构。加拿大在联邦和各省建立完备的PPP管理、咨询机构。而美国的PPP项目大多是由地方政府发起和推动的，其中只有7个州成立了PPP机构，以进行政策规范和咨询服务，并没有成立联邦层面的全国性PPP机构，也没有统一的模式和操作规范要求。

二、政府和社会资本合作项目操作更加规范

虽然政府和社会资本合作运用更灵活和多样，但是，PPP项目操作更加规范。经过多年的实践发展，PPP项目操作在更规范的制度、政策环境下推进。

---

① "PPP的全球发展趋势及政策启示"，https：//www.douban.com/note/523240066/? type = rec 知己知彼——国外PPP发展现状及对中国的借鉴，http：//bond.hexun.com/2015 - 03 - 09/173872960.html。

② 2011年，英国新建立了基础设施局（IUK，Infrastructure UK）工作组，取代了原来Partnership UK的大部分职能。

（一）建立了健全法律法规体系，规范政府和社会资本运作模式

随着 PPP 实践在全球的深入发展，国际组织、中央政府、地方政府都将规范 PPP 运行作为重中之重，在法律层面与组织层面做了大量工作，助力 PPP 模式规范化发展。联合国、国际货币基金组织、经合组织、欧盟等机构都制定了 PPP 立法指导原则，对各国 PPP 立法形成巨大推动作用[①]；中央政府颁布全国性 PPP 法律法规，保证政策的一致性、连贯性；地方政府制定具体法规政策，有效落实当地 PPP 项目。

PPP 运行更规范的关键是健全法律法规的体系。在应用 PPP 模式的国家中，绝对多数都出台了全国性的 PPP 政策框架和标准。从法律名称上看，可以分为四类。

第一类是一般性 PPP 法律。一般性 PPP 法律，直接叫做 PPP 法律或采用 PPP 近义词。例如德国 2005 年出台的《公私合作促进法》，葡萄牙于 2012 年出台《葡萄牙 PPP 法》，阿根廷有《促进私人参与基础设施法》，这些法律多制定于 2000 年之后，PPP 模式探索已经较清晰、明确，各国 PPP 法律一般化、普适化。另一种情况是法律制定于 PPP 概念并未广泛推广时，但实际都是 PPP 法，例如韩国早在 1994 即制定了《促进私人资本参与社会间接资本投资法》，日本 1999 年颁布《日本 PFI 法》。

第二类是针对该国普遍采用的 PPP 模式制定的法律。比如：1991 年智利制订了《特许经营法》和《特许经营规范》、1996 年立陶宛制订了《特许经营法》、2003 年西班牙制订了《特许经营法》、2005 年印度尼西亚制订了《特许经营法》、2006 年捷克共和国制订了《特许经营法》、2006 年菲律宾制订了《BOT 法》、2007 年柬埔寨制订了《特许经营法》。由上述不难看出，相当数量的国家特许经营是 PPP 的主要实现形式，各国针对特许经营模式在中央层面做出规范。相较于一般性 PPP 法律，按 PPP 具体模式制定的法律更具针对性、实用性、操作性，在各国主要 PPP 模式推广上起了关键作用。

第三类是规范 PPP 流程的程序性法律。比如：2008 年欧盟出台《欧盟委员会对 PPP 公共采购和特许经营制度化的规定》，规定了 PPP 的原则、程序、私人伙伴的选择等基本内容；日本出台了"物有所值指南"、"进程指南"和"风险共享指南"、"合同指南"和"监督指南"等一系列具体引导规则；巴西于 2004

[①] "国际 PPP 法律政策综述"，来源：中国政府采购杂志，发布时间 2015 年 10 月 14 日。

年出台的《投标和PPP项目合同法》确立了PPP合同的概念、原则、伙伴关系活动内容、特殊规定和投标进程。2012年英国由PFI转向新型私人融资（PF2）模式时，制定标准化的项目采购流程和文件，减少PFI暴露的成本浪费、项目透明度低、风险收益分配不合理等问题。

第四类是地方政府出台相关政策法规。在全国性PPP框架指导下，地方政府出台更细的政策法规，规范PPP落地的细节问题。例如南非在国家《公共财政管理法案（法案1/1999）》、《关于PPP的财政部令第16号》和《财政部业务指导》框架下，制定了市级层面《市级财政管理法案（法案56/2003）》《市级财政规章（2005）》和《财政部/省级部门和地方政府服务实现与PPP指南（2007）》。在少数PPP发展良好但未出台全国性PPP法律的国家，中央发布指导性文件或通过PPP中心对地方进行规范。英国并未出台专门针对PPP的法律，指导PPP实施的一般是政府的相关政策和指南，但比较细致。澳大利亚对PPP没有专门立法，于2008年11月颁布一系列国家政策与指南比如《国家PPP政策框架》、《国家PPP指南概览》、《国家PPP指南细则》，对PPP进行规范，各州在此基础上再制定本地的指南。以维多利亚州为例，2000年公布的《维多利亚州合作方法》、2003年颁布的《合同管理方法》等是本地PPP项目开展的主要依据。加拿大、美国也没有制定全国性的PPP法案，加拿大主要通过各省制定政策，各级政府也积极制定基础设施规划，不断完善PPP项目采购流程。美国PPP法律政策主要集中在交通领域。以上三个国家的PPP应用成熟度较高，但没有制定全国性PPP法律，但各州在中央指导下，因地、因时制宜制定了完善的法规政策，所以，PPP项目运行良好，私人企业广泛参与公共服务提供。

与此同时，不断完善相关法律以适应PPP发展需要。日本于2009年修改《民间融资社会资本整备（PFI）法》，将PFI适用范围由针对道路、医院等，扩大到人造卫星等领域。

（二）建立了推进政府和社会资本合作模式发展的机构

全国性的PPP法律框架和标准及地方法规政策，为PPP运行构建了持久的规则，但规范的环境保障还需要稳定持续存在的组织结构。PPP中心是成功推广应用PPP的重要支持机构，国际经验表明，政府在履行PPP职能时，普遍存在招标采购动力不足、部门间协调不够、专业技能缺失、交易成本过高、相关信息不全等机制性失效问题,需要建立 PPP 中心予以弥补①。世界银行、经济合作与发展组织的研究均表明,凡是 PPP 市场较成熟的国家,都建立了国家 PPP 中心甚至地方 PPP 中心。专门负责 PPP 项目管理的政府主管部门,从 PPP 相关法规政策的制定,到项目的审批、咨询、招投标和监管等进行统一协调管理,同时对地方政府和相关部门起到统一协调和统筹规划的作用。而且,PPP 中心可以利用自身专业人员和大量外围专家,为政府提供专业技术支持,有效解决政府在 PPP 管理上的机制性失效问题,在成功推行 PPP 中发挥着至关重要的作用。

国家层面的 PPP 中心设置主要有两种方式:

一种是设立于财政部,如英国、澳大利亚维多利亚州、南非等。国外成功运行的 PPP 中心大多设于财政部,如经济合作与发展组织 17 个设立了 PPP 中心的成员国中,有 10 个国家将 PPP 中心设于财政部。这样有利于将 PPP 与其他财政支出、政府债务等统筹管理。英国财政部是 PPP 的主管部门。2010 年前,负责 PPP 运行的机构有两个:财政部的 PPP 工作组和 "PUK"(Partnership UK)。PUK 独立于财政部,按公司化运营。2010 年后,IUK(Infrastructure UK)合并了 PPP 工作组和 "PUK" 的职能,统一管理实施 PF2 项目,但 IUK 仍隶属于财政部。

另一种独立于政府部门之外。比如:德国、韩国。为了提高国家基础设施发展的效率和透明度,韩国在法律上明确了民间投资项目的管理机构,于 1998 年设立了韩国民间基础设施投资中心(Private Infrastructure Investment Center of Korea),统一负责管理民间投资基础设施的有关事宜,以统一标准向项目提供服务,包括项目评估、可行性研究、资格评审、招标和评标、技术和行政支持等。2005 年此机构已更名为 PIMAC(Public and Private Infrastructure Investment Management Center of Korea,韩国公私基础设施投资管理中心),成为韩国公共基础设施投资管理的唯一窗口②。

无论是内设于财政部还是独立设置的国家 PPP 中心,都在统领全局、引领方向、规范 PPP 市场上起到关键作用。在英国、澳大利亚、巴西、德国、印度、墨西哥等许多国家,除设立国家 PPP 中心外,均设立了地方 PPP 中心,形成了国家 PPP 中心支持、指导,地方政府推进的多层次、立体的伙伴关系治理体系。见表 2-1。

---

① "国外 PPP 中心概览",来源:中国政府采购网,2015 年 6 月 11 日。
② "中、英、日、韩 PPP 模式的政府管理比较研究",来源:中国 PPP 智库,2014-08-25。

表 2-1　　　　　　　　　各国 PPP 中心设立形式

	设立形式	国家
国家层面	设置于财政部	英国、澳大利亚、南非等
	独立于财政部	德国、韩国
地方层面	英国、澳大利亚、巴西、德国、印度、墨西哥设立地方 PPP 中心	

当然，并非只要设置了 PPP 中心，就可以促进 PPP 市场的规范化发展，部门间权责范围的清晰划分至关重要。在英国推出 PF2 模式之前，由财政部的 PPP 工作组和独立的 PUK 负责运行 PPP，然而在此过程中仍暴露出成本浪费、合同灵活性差、项目透明度低、风险收益分配不合理等问题。这一方面源于政出多门、目标冲突等问题，另一方面在于，权力分散导致两个 PPP 中心对项目参与有限。因此，PPP 中心运行成功的关键在于，PPP 中心在中央层面统一协调，能得到政府强有力的支持，具有一定决策权力而非只是咨询顾问机构，专注于解决政府机制性失效问题并且实质性参与到项目中。

中央或地方政府设置的 PPP 中心之外，还存在其他促进 PPP 规范化运营的非政府机构。比如：德国各城市为提高公共服务质量专门成立了一个管理联合会，关注于一定的政策领域（例如儿童抚养、博物馆、街道清洁等）监督。这个机构于 1949 年建成，有独立的运营资金来源，独立于国家和党派机构，使得监管更为客观，降低项目暗箱操作的几率，提高公共服务质量。

三、政府和社会资本合作项目实施技术方法逐渐成熟

纵观 PPP 发展历程，成熟、完备的技术方法是保障项目成功实施的必要条件。采用恰当的技术方法，才能保证 PPP 模式发挥价值和 PPP 项目成功落地。PPP 模式应用范围越来越广，运行模式更加多样，但在实施 PPP 项目过程中，存在着可总结、可复制、规律性的技术方法。在 PPP 项目实施的不同阶段，都已发展出成熟的技术方法，包括物有所值论证、风险分析方法、绩效评估方法等。上述方法并非对应于某个阶段，而往往是贯穿在整个项目过程中。

（一）物有所值评价方法贯穿政府和社会资本合作项目全过程

物有所值评价方法（Value For Money，VFM）是筛选项目是否适合 PPP 模

式的第一道准绳。随着 PPP 项目在世界各国的开展,越来越多的国家仿效英国做法,采用物有所值方法评估项目是否采用 PPP 模式。英国政府将 VFM 定义为"用全寿命周期成本和质量的最佳组合来满足用户的需求"。VFM 评价方法在 PPP 项目实施中扮演了越来越重要的作用,经济合作与发展组织(OECD)近期一项研究发现,在调查的 20 个国家中有 19 个采用 VFM 评估 PPP 项目[1]。VFM 评价方法主要包括定性和定量两种分析方法,定性分析方法在缺少数据情况下发挥初判潜在项目的作用,主观判断某个项目是否适合 PPP 模式;定量分析法侧重比较项目采用 PPP 模式的全寿命周期成本与传统模式下公共部门建设、运营下的总成本,相对而言更准确可靠。

定性分析法并非完全主观,随着 PPP 模式的推广,很多国家制定了清晰的指导原则和评价标准遴选 PPP 项目。英国、法国、美国等国家的定性评价标准,存在 3 点共性准则:项目规模较大、时间较长或复杂性较高;项目可以进行适当的风险转移;项目具有商业吸引力。另外,英国定性评价标准强调公共部门的管理能力和私营部门承担风险、控制风险的能力。法国还提出 PPP 相关的综合性、全生命周期方法。

定量分析法考察的指标范围呈扩大趋势,公共部门比较值(Public Sector Comparator, PSC)不是唯一的基准。在操作上,不同国家定量指标的考察范围不同,结果的可参照性出现差异。一些国家如智利仅仅比较付给私人部门的财政开支和传统采购模式耗资的大小。以英国、加拿大、韩国、南非为代表的大部国家将 PPP 模式下转移到私人部门的风险纳入到 PSC 成本比较中。法国等少数国家比较的是项目的综合经济社会效益,而不以 PSC 为基准。最初的 VFM 定量评价方法是比较 PPP 值与 PSC 值的大小,但近年来,各国政府逐渐扩大定量指标的范围,整体、综合、全周期的评价项目是否真正物有所值。

定量分析法在操作时,更注重根据市场反馈进行动态调整。最早采用 VFM 方法的英国,其 VFM 评价程序分为投资评价、项目评价和采购评价等阶段,主要集中于项目准备阶段和部分实施初期的市场反馈。德国在引入 VFM 评价方法时,根据投标者数据对 PSC 进行动态调整,最终的 PSC 定量描述通过中标者的投标报价,来判断项目最终物有所值。而新加坡进一步强化了市场反馈,采购流程有 3~6 个月的中止时期,由投标者向负责招标的公共机构提出进一步修改初

---

[1] Philippe Burger and Ian Hawkesworth (2011) "*How to Attain Value for Money: Comparing PPP and Traditional Infrastructure Public Procurement*", OECD Journal on Budgeting Volume 2011/1.

始投标文件的反馈信息,以改善 VFM。因此,VFM 定量分析法由关注市场一般状态到具体中标者,并进一步关注中标者的后续发展,使得定量分析法的指标假设更贴近项目实际,可信度更高。

(二) 建立了政府和社会资本合作项目风险管理方法

风险管理是影响 PPP 项目成功的重要因素。风险管理贯穿 PPP 项目的全部过程。在 PPP 风险管理过程中,探索出一套较为成熟的风险识别、风险评估和风险管理方法。

各国普遍结构化风险识别因素,探索出一整套风险识别方法。虽然不同项目面临的风险不同,各国经过长期实践摸索发现,一般的 PPP 项目所面临的风险可能来自国家政策、行业、企业以及项目等层面,每个层面涉及的风险又可进一步细分。由于每个项目的风险都是独特的,全面识别风险的困难也很高,可能因为前期忽略一个看似无足轻重的风险事件,会引发项目实施的巨大损失。因此,风险识别方法的关键在于全面、细致,不能漏掉任何可能的风险点。在风险识别方法中,具有代表性的有风险检查表法和分析结构分解法。风险检查表法将项目可能潜藏的风险因素,按照类别的不同列入一张核对表中,供风险识别管理人员进行核查比对。风险管理人员结合当前的工程项目建设环境、建设特性、管理现状等一一做出比较,分析可能发生的风险因素。风险检查表方法较为简单,容易操作,但不能反映风险来源之间的关系,仅适用于常见风险因素识别。伴随着 PPP 实践经验的增多,各国探索出风险结构分解法,分析结构分解法将整个建设工程项目涉及到的主要风险因素,分解为若干个不同层次的风险体系,第一层次是项目总体风险,第二层次是主要风险因素,第三层次是对主要风险因素进一步二级细分。相比风险检查表法,分析结构分解法以更结构化、层次化的方式分解 PPP 项目风险,使风险识别过程更严谨细致,提高风险识别成功几率。

风险评估由过于依赖专家经验,到侧重量化技术方法转变,提高了准确性与可靠性。PPP 项目风险评估主要有两个途径,一是基于专家经验的定性评估,二是对数据进行量化分析。早期各国风险评估主要是,工程建设、金融、法律、环境等领域的专家基于经验识别,判断分析风险大小,专家们的经验有一定价值,但过于依赖专家经验进行风险识别主观性强,其准确性和可靠性都无法保证。近年来,随着各国 PPP 项目增多,在基础设施建设和公共服务领域积累了较多的数据,有了足够和准确的数据作为支撑,运用先进的分析方法提高对未来项目进行风险量化的水平。在风险评估方面,不少国家运用敏感性分析法、蒙特卡洛模拟法等方法，通过计算这些风险因素对项目评价指标的影响程度，积极探讨了各类风险对项目的影响结果。运用模糊数学方法，结合专家经验和已有风险分担理论成果，建立了PPP项目风险分担量化模型，并给予了相应的实证分析。

（三）建立了政府和社会资本合作项目绩效管理方法

绩效管理方法是确保PPP项目实现相关利益者满意的关键所在。PPP以提高公共服务供给效率为目标，良好的绩效管理也是保证PPP项目目标实现的重要保障。因此，科学、有效的绩效管理方法成为各国PPP项目实践过程中的重要关注点，在探索中积累了大量经验，并逐渐摸索出一套成熟的PPP项目绩效管理方法。

绩效评价主体由单一政府向居民、第三方等多主体转变。以往各国PPP实践中，往往由政府评估项目绩效，并据此向社会资本方支付报酬。政府单方面制定产出标准、评估项目绩效，操作简单、成本较低，但另一方面，政府可能并不清楚居民对公共服务的真实需要，停留在"想象"之中，忽略或者扭曲居民需求。而且，政府可能会被社会资本"俘获"，出现腐败行为，给不符合产出要求的项目较高的绩效评价。因此，为降低暗箱操作几率，加强绩效评估的客观性，许多国家倾向于让居民、第三方独立机构参与PPP项目绩效评价，形成绩效评估多主体模式。德国为提高PPP项目绩效，引入了"标杆管理"的绩效评估方式，各城市专门成立一个管理联合会，独立于国家和党派机构，建立"公共交互指标网络"交换绩效数据，评估本城市PPP项目绩效，从其他市政当局或部门吸收好的经验。另外，政府要求居民在接受公共服务后为政府服务打分，包括服务咨询的质量、现场等待时间长短、政府服务机构是否醒目易找到、工作人员礼貌和友善的程度等。

绩效评价由仅在移交阶段进行的项目产出评估，发展为事前定标准、事中搞监测、事后评结果、运营过程持续关注服务质量的全生命周期绩效管理方法，政府的绩效管理监测到项目的各个阶段。英国PFI向PF2的改革体现了绩效管理方法的改善。首先，产出标准在招商阶段前期就要确立，一般需要满足SMART原则，即明确（Specified，标准要明确）、可测量（Measurable，服务的成果可测量）、可获得（Achievable，企业能提供）、务实（Realistic，企业可以做到）、及时（Timely，政府可以定期及时检查）。其次，公共机构参与股权融资，使政府参与PF2项目公司运营管理的战略决策，更好地监测项目绩效，而不仅仅在项目已经完成后亡羊补牢。再次，在PPP项目建设完工后，"先服务，后支付"的支付机制将项目支付与服务绩效水平联系起来,既提供一种绩效激励机制,又对不合产出标准的行为进行惩罚。最后,在项目运营期间,每2.5年承包人和政府一起进行合同效率评审,用以保证为政府提供适宜的服务和设施。

在PPP项目实施过程中,涉及到很多技术方法,远非限于以上三种方法。正是这些日益成熟、渐成体系的技术方法保证了PPP项目落地成功,真正实现物有所值。物有所值分析法是PPP项目的核心方法,决定项目是否采用PPP模式的重要依据;风险管理法是项目成功实施的重要方法,许多PPP项目失败都是源于对看似细小风险的忽略;绩效管理法是实现项目目标与物有所值的保证,没有全程严密、科学的绩效管理法,原本物有所值的项目最终可能变异为成本浪费、透明度低的低效项目。

四、政府和社会资本治理模式更先进

PPP作为公共服务提供的新模式,是基础设施和公共服务领域的一场制度变革。引入PPP模式的目的不仅仅是解决公共服务所需的资金不足问题,还致力于推动公共服务体制机制改革。在宏观上,西方各国将PPP模式作为撬动整个国家治理体系变革的工具,重塑政府与市场关系,推动政府和市场、社会合作,发挥各自所长,更高效提供公共服务。但是,基础设施和社会事业运用PPP模式操作复杂,引入社会资本而未进行良好的治理,可能会让政府或民众付出更高代价。因此,需要针对PPP项目的不同类型,实施分类治理,明确参与各方合作伙伴关系,建立起责权清晰、相互制衡、信息透明、监督有效的合作模式框架,微观层面建立项目治理机制,建立起长久、共赢、高效的政府和社会资本合作模式。

(一)政府和社会资本合作推动国家治理体系改革

在PPP发展成熟的西方发达国家,PPP模式不仅仅促进基础设施和公共服务质量的提高,还加速了政府治理现代化的进程。PPP模式深刻的本质和意义在于,处理好政府、市场和社会三者之间的关系,而绝不仅仅是解决政府融资和债务问题。PPP在完善英国现代化政府采购和治理机制方面效果斐然。英国PFI实践中形成的理念、机制和方法很快影响了英国政府的采购方式。英国政府于1999年7月成立了政府商务办公室(Office of Government Commerce,OGC),其成立目的是在整个政府部门推动政府治理现代化改革。OGC内部设立了民间融资部（Private Finance Unit，PFU），专门负责为公共机关制定和推进PFI政策。针对政府公共采购，OGC出台了一系列政策、制度和机制、研究报告等，深刻改变了政府公共治理的方式，重要标志之一是建立了公共服务协议制度（Public Service Agreement，PSA，为地方政府与中央政府签订的协议，规定公共服务的具体目标）。同时，长期预算规划制度也被引入英国财政体系。

PPP模式对于公共服务领域体制的改革，不仅体现在中央或联邦政府层面的治理机制改革，也体现在中央到地方各级政府职能定位的优化与部门关系的协调。中央集中精力用于建立法律、制度、组织、政策和操作指南，以及构建标准化合同范本的宏观架构，控制国家层面风险。省级或州级政府主要权责范围是，项目审批、协调融资、技术支持和绩效评估，设立PPP专项基金。而在市级政府层面主要承担项目识别、部门协调和履约监管的职能。与单一制国家相比，联邦制国家的州政府承担了更多的职能，但州政府依然在宏观层面起着规范的作用。例如：澳大利亚对PPP没有专门立法，通过2008年11月颁布的一系列国家政策与指南对PPP进行规范，各州在此基础上再制定本地的指南。不同层级政府各司其职，在运用PPP模式实施大型基础设施项目方面，处于世界领先地位。

（二）建立了政府和社会资本合作项目治理机制

各国普遍利用分类管理思路对PPP进行规范。在PPP发展早期，各国PPP模式的选择偏好明显。不同国家根据各自政府的发展阶段、政策目标、公共部门和私人部门的具体特点，设计出符合本国国情的PPP模式实现路径及治理框架。但受国内经济、政治和国外经验影响，模式选择出现多样化趋势甚至转向。在此趋势下，各国对于PPP模式的不同实现形式，分别制定法律予以规范，并采取分类管理思路。特许经营在法国已有一百多年历史，此模式应用已经非常成熟。20世纪九十年代以来，由于英国政府付费类PPP取得明显成效，法国转而倡导建立双重PPP制度体系，将特许经营和政府购买服务都纳入法国的PPP制度框架。

针对不同PPP模式，各国政府也实行了与之相适应的项目治理机制。项目治理并非只局限于项目本身，而是联接项目内、外部协议的节点，由法律和组织层面的结构支配，并且所有交易受制度、治理和行为三个水平的系统控制[1]。

---

[1] Winch G. The Commercial Management of Projects: Defining the Discipline [M]. London: University of Manchester, 2006.

第二章 政府和社会资本合作在全球范围内探索中的重要成果

PPP 项目治理机制是一种制度框架，反映利益相关方的责、权、利关系和监督、激励、风险分配等问题的安排。公共部门所承担的三重角色，即规则的制定者与执行者、公共服务的采购者和提供者、公共服务的监管者，要求重新定位政府、企业和社会的关系和角色[①]。另外，相关主体多，需要协调相关利益者行为。总之，PPP 项目的这些特征要求在组织内、外为合理的决策制定和管理行动，提供一个透明的、责任明确的角色定义清晰的框架。目前，国际上应用比较普遍的 PPP 项目治理机制主要有两种，一是以"特殊目的载体"（SPV）为核心的股权治理结构，二是以"合同"为中心的关系契约治理机制。两种治理机制在制度、治理和行为层面表现不同，但都是解决项目审查、项目决策、绩效监督、报酬给付和争端处理等问题。以下将分别介绍两种治理机制在各国的应用发展。

各国在实践中运用 SPV 有效提高了治理效率，降低交易成本。SPV 是狭义的 PPP 实现形式，政府和私人部门组成特殊目的载体，引入社会资本，全过程合作设计开发运营项目，共同承担风险。SPV 不仅仅是风险隔离的一种方式，更是政府和私人资本平等合作关系的实现形式。在项目治理上，不再是政府单方面决策，而是由项目公司的资本结构决定项目的决策权，按照现代公司治理方式经营项目公司、运营 PPP 项目，使得项目的决策、风险分配、利益分配等规则明确简洁，降低项目交易成本，从而提高治理效率。

但是，各国在 SPV 应用上更注重保证 PPP 项目的公共性。作为公共服务的一种提供方式，保证项目的公共性和高效率同等重要。SPV 具有提高效率、隔离风险作用，各国在实践中保证 SPV 公共性，防范政府、私人部门或不可控风险对公共性的侵犯。英国 PF2 在股权投资及 SPV 组成上产生新变化，财政部设置名为 Central Government Unit（CGU）的新机构，投入并负责公共部门股权投资安排。CGU 独立于采购公共部门，重在解决公共部门作为采购人和投资人双重角色而产生的利益冲突问题。日本 PFI 由 SPC[②] 来经营，为防止 SPC 破产对公共服务或公共产品提供带来的风险，公共设施管理者和为 SPC 融资的金融机构会预先签订一个"直接协定"，建立起一个监控避免 SPC 破产和即使破产也能保证 PFI 项目进行到底的机制[③]。当风险发生时，原本在 PPP 项目中不发生直接联系

[①] 湛中乐，刘书燃："PPP 协议中的法律问题辨析"，《法学》，2007 年第 3 期。

[②] SPC 是 Special Purposes Company，日文称选定事业者，日本是仿照英国学习的，只是直接用了 company 一词。

[③] 李欣："国外法律和政策对 SPV 的规定及启示"，《经济研究参考》，2016 年第 15 期（总第 2719 期）。

的政府和金融机构之间的协议即可生效，可以给 SPC 更长的期限避免破产。SPC 一旦破产，金融机构有义务基于公共、公平的理念进行恰当的处理，例如由金融机构等第三方接手，确保 PPP 项目情况的继续顺利实施和服务的提供。SPC 如果破产，可以根据《民事再生法》申请破产保护，SPC 的资产由公共部门回购，回购后可出售给第三方，将资产和运营权交给其管理，通过短期整理后继续提供服务，尽量避免影响服务的提供。澳大利亚 PPP 政策和指南中指出，政府在某些情况下可以介入和承担社会资本方的全部、部分义务。在发生紧急情况、对环境、公众或者设施的使用者存在严重的威胁，或存在对公众和私人财产造成严重损失的风险，政府可以介入项目甚至终止合同。这些措施都能保证公共产品或公共服务项目的公共性。

PPP 项目并非要全部通过 SPV 实施，社会资本与政府签订项目合作合同也是 PPP 实现形式之一。SPV 是在项目资金需求量大、风险不确定性大、股东需要更多保护、债权人也需要更多保障的形势下进行的创新。对于特许经营模式而言，政府与社会资本签订特许经营协议；政府付费类购买服务的外包模式，只需签订政府采购协议以协调公私关系，没有必要成立 SPV。

由于 PPP 项目中政府与社会资本签订合同的普遍性，PPP 发展成熟的国家制定专门的公私合作合同法，将 PPP 合同具体化、专业化和程序化。英国《PFI 合同规范化第四版》制定了合同管理的相关细则，对各种合同期间可能出现的不利情况，包括服务开始时间延迟、服务变更、法律变更、通货膨胀等进行了规定，提出了风险处理方法，合同中提前做出规定，减少了紧急情况出现时，处理不当导致项目失败的概率[1]。法国过去主要采用特许经营模式，法国国民议会于 2008 年 7 月 28 日颁布了 PPP 合同法律，对 PPP 模式合同中合作关系、涉及领域、期限、风险、盈利模式、投资方式等做出了较为清晰的定义。不仅对 PPP 合同的范围又作了一定的拓展，把原来以工程和货物为主导的 PPP 合同，增加为工程、货物和服务，也对诸如地方政府组织法法典、城市管理法法典、建设和居住法典、税收法典、财产法法典、金融和货币法法典、行政诉讼法法典和保险法法典等相关的法典和法规做出相对应的修改和调整。

---

[1] H M Treasury. Standardizationof PFI Contracts V4［M］.1 Horse Guards Road，London：Correspondence and Enquiry Unit，2007；Partnership Victoria. ContractManagement Guide［M］. Treasury Place Melbourne，Victoria 3002 Australia：Partnership Victoria，2003.

五、政府和社会资本合作相关的配套环境不断完善

PPP是政府与社会资本建立的合作伙伴关系。PPP模式成功运行，需要建立与之相适应的制度环境，包括金融、税收、法律、咨询、人力资本等。

（一）建立了完备的监管体系

由于运用PPP模式提供公共服务时，可能出现公共服务质量不高的情况，需要建立公共服务质量监管体系。比如：德国非营利组织管理负责实施"公共交互指标网络"，独立于国家和党派的机构，使得监管更加客观，更能获得民众的信任。

（二）建立了政府和社会资本合作金融体系

随着PPP模式推进，与PPP模式发展相适应的金融机构经历了从银行为主导向银行、保险公司、证券公司、信托基金、产业基金等多类型的转变，融资方式由贷款扩展到投资、贷款、债券、租赁、证券等多种形式。从资金来源看，目前国际PPP项目对银行渠道的资金来源依赖严重，银行资金大约占全部资金渠道的70%~80%，甚至更高。各个国家都在研究探索降低对银行资金的依赖，例如：推动PPP基金在项目融资领域发挥更重要作用。PPP基金的主要作用是通过撬动资源和运用专业技能寻找优质PPP项目，在培养市场过程中起到催化作用。从国际PPP基金的实际操作看，主要分为政府发起的PPP基金和市场发起的PPP基金两大类。政府发起的基金包括加拿大P3基金、印度基础设施建设金融有限公司（提供长期的商业贷款，最多可提供资本成本的20%贷款，还提供咨询服务和试点担保计划）、玛格丽特2020基金（为欧洲气候变化、能源安全等其他基础设施投资项目提供股本和准股本金）等。市场发起的基金包括气候变化PPP基金（向亚行的发展成员国内气候与环境相关领域的项目提供股本、贷款及基金）、菲律宾基础设施投资联盟（为菲律宾核心基础设施融资提供股本和准股本）。通过债券融资提高资本市场的比重也可分担对银行资金依赖的压力。美国在运用收益证券方面相对较好，项目收益债是美国公共基础设施债务融资的主要渠道，是仅次于国债和公司债券的第三大债券市场。通常以政府拨款、地方税收收入或者租赁付款作担保，可以免缴美国联邦收入所得税（和一些地

方税），直接降低融资成本达 2 个百分点。

（三）逐步完善了与政府和社会资本合作模式发展所需要的法律、咨询、人才等支撑体系

专业法律机构为 PPP 项目全程保驾护航。PPP 项目法律顾问服务可划分为招商筹备、招商实施以及其他后续服务三个阶段。三个阶段法律顾问服务侧重点不同。在招商筹备阶段，法律顾问服务的主要内容是，配合 PPP 项目采购人及其他中介机构共同讨论、确定项目投融资方案，就项目投融资方案的合规性、可行性等发表法律意见，并就相关问题提供针对性的法律解决方案，协助委托方及其他中介机构共同制定项目招商谈判方案，包括项目招商关键问题的谈判底线及谈判中可行变通方案的制定等。在招商实施阶段，法律顾问服务的主要内容是法律文件的准备及谈判支持，具体来说包括就项目协议架构提出专业意见；负责对项目重要事项提供法律咨询并出具法律意见；起草或协助起草特许经营协议、运营协议等相关法律文件，并提出审核修改意见；作为谈判组主要谈判人员参与招商重要事项和全部协议文件内容和条款的谈判以及协议文件的修改，审核等。在其他后续服务阶段，法律顾问服务的主要内容是对项目公司设立所涉及的法律问题进行研究，提出方案或建议以及根据现行法律法规的规定，协助委托方履行政府主管部门审批、登记、备案等相关工作。

咨询公司服务贯穿 PPP 项目全周期。日本社会有很多专业从事大型工程项目管理及 PFI 项目咨询的管理顾问公司，如三菱综合研究所、都市经济研究所、佐藤综合计划等。在 PFI 项目确定前的调查阶段，发起机构会委托管理顾问公司对项目条件和前景进行分析和评估；项目确定后，发起机构会聘请有关专家举办 PFI 学习班；在项目实施阶段，聘请咨询公司顾问指导 PFI 项目的实施，同时由专业人员对 PFI 项目进行监督和评价。可以说，在不同的项目阶段都需要咨询服务公司参与，提供更专业化的服务。

依托高等院校的 PPP 研究机构不仅培养了高水平的专业人才，还在 PPP 的研究、推广和项目指导方面发挥着越来越重要的作用。日本东洋大学于 2006 年在经济学研究系开设公私合作专业，培养 PPP 专业硕士。课程主要包括：（1）城市管理课程：学习地方政府的公共设施管理等方面的公共政策；（2）PPP 商务课程：综合学习 PFI、城市建设等民间、市民为主体的 PPP 事业；（3）世界 PPP 课程：学习亚洲、非洲等新兴国家的项目企划。2008 年东洋大学设立 PPP 研究中心，对部分有能力且有志于从事 PPP 行业解决经济社会具体问题的公私合作专业毕业生，授予"研究伙伴（research partner）资格"。该资格是目前日本在PPP领域唯一的资格认证。"研究伙伴"除每年至少发表1篇研究成果，还有参加研究中心组织的PPP研讨会和实地调研活动。另外，中心每年编写年度PPP白皮书，介绍在当年经济形势下PPP的新动向。白皮书中列举丰富的PPP案例并由专家进行分析，为日本之后的PPP实践提供参照。2008年12月日本成立亚洲PPP政策研究会，其宗旨是为进一步完善东亚社会经济基础设施，改变历来各国过度依靠财政资金建设基础设施的现状，帮助各国通过PPP活用民间的资金、技术和智慧。

非营利组织发挥了更多综合性功能，独立于政府的地位为其赢得客观、公众的形象，有效提高PPP项目的绩效和透明度。1999年9月日本成立PFI协会。该协会是从事帮助地方政府、民间企业正确理解PFI模式的实施程序、扩大其应用范围等的培训活动，并对政府有关机构提供政策建议的非营利组织。该协会业务内容包括PFI事业的培训、教育、资格的鉴定、政策建言、国内外信息的收集、书籍出版、咨询等。

PPP产业链的成熟不仅是职能分工的细化，更体现在各主体间协调程度的增强。PPP产业链的分工是基于能力而非产品的分工，PPP最终合作成功超出单个政府或私人企业的能力和资源，因此产生了"特殊性协同"，这只特殊性协同中心促进了对联合的需要[①]。

---

① Mahoney J T, Pandian J R. The resource—based view within the conversation of strategic management [J]. Strategic Management Journal, 1992, 13（June）.

第三章　我国政府和社会资本合作发展进程

改革开放之初,在基础设施领域,我国就开始探索运用政府和社会资本合作方式进行建设、运营,只不过当时以 BOT(建设——运营——移交)等方式为主。经过近 40 年探索和实践,我国政府和社会资本合作经历自发实践、试点和全面推广等阶段,逐步形成了具有中国特色的政府和社会资本合作实践模式。总的来看,我国语境下的政府和社会资本合作的内涵更为丰富,政府和社会资本合作实践发展较快,用两年的时间走完了发达国家十几年的道路。尽管我国政府和社会资本合作存在不完善之处,但继续沿着"边发展、边完善、边规范"的路径,稳步推进、大胆探索,不断完善和创新。

一、我国政府和社会资本合作的自发实践阶段

20 世纪 80~90 年代是政府和社会资本合作模式的自发实践阶段,在该阶段我国正在进行着从计划经济到社会主义市场经济转型的探索,地方政府尝试着在一些领域基础设施和公共服务领域引入社会资本。

(一)发展背景

虽然这一阶段是地方政府进行转型的一次尝试,但是政府部门在这一阶段的角色定位是十分模糊的。此间,政府并没有明确的参与到公共设施或服务提供模式的改革上来,而是在一些外资的推动下才被动加入。而且,PPP 模式主要是运

用在一些技术相对复杂的基础设施领域。比如：1984年，深圳沙角B电厂成为内地批准的第一个BOT项目，这也是第一个广义上的PPP项目，实质是政府和外资合作，还有同时期的广州白天鹅饭店和北京国际饭店等。

总体而言，这一阶段，中央对政府和社会资本合作没有明确表态，很多地方政府采取的是忽视或是漠视的态度，怀疑这一新兴模式在我国的可适用性。这一现象的出现可能是受到以下几个因素的影响：其一，在改革开放初期，"姓资姓社"问题的讨论依旧十分激烈，在这样一种大环境下，地方政府不敢贸然引入社会资本提供公共服务，尤其是能参与合作的社会资本大多为外资；其二，作为一种新的公共服务提供模式会对政府提供公共服务传统模式会带来挑战，且政府和社会资本合作项目运行周期长，所能产生的效果在短期内难以真正显现，而地方政府也找不到国内可供借鉴的理论来源和实践基础，并不清楚其中的运行机制和可能的收益和风险；其三，在合作伙伴方面，在这一阶段积极参与的社会资本主要是外资，面对与外资的谈判，在项目准备阶段中的风险划分，权益边界问题需要花费较多的时间和精力，且没有相关法律条文和规范可遵循，可能会存在一定风险和不确定性。因此，政府既不敢或不愿参与政府和社会资本合作模式，也不鼓励或支持运用这种模式提供公共服务。

（二）典型项目

在地方政府的自发实践阶段，最具代表性的PPP项目是1984年深圳沙角B电厂项目。早在1980年深圳经济特区建立之初，当地电力供应严重不足，深圳电力严重依赖广东省的大电网供电，并没有独立的发电厂，尽管当时广东省已对深圳特区给予了特别照顾，但是仍然不能填补深圳当时的用电需求缺口，恰逢其时，香港合和实业有限公司提出用BOT模式和深圳市合作建立火力发电厂。该电厂合作项目于1984年签署合资协议，1986年完成融资安排并动工兴建，并于1988年投入使用，总投资额为42亿港币，被认为是我国第一次使用BOT方式兴建的基础设施项目。具体来说，深圳沙角B电厂采用了中外合作经营方式，合作期为10年，合资双方分别是深圳特区电力开发公司（中方）和合和电力（中国）有限公司（外方，一家在香港注册专门为该项目而成立的公司）。在合作期内，外方负责安排提供项目的全部外汇资金，组织项目建设，并且负责经营电厂10年。外方获得在扣除项目经营成本、煤炭成本和付给中方的管理费后的全部项目收益。合作期满后，外方将电厂的资产所有权和控制权无偿地转让给中方，并且退出该项目。1991年8月1日，深圳沙角B电厂顺利完成移交工作。当然，在这一阶段除了深圳沙角 B 项目外，广州白天鹅饭店和北京国际饭店也是比较典型的 BOT 项目（见表 3-1）。

表 3-1　　　　　　　　　自发实践阶段 PPP 模式典型案例

项目名称	时间	投资方	合作方式
深圳沙角 B 电厂项目	1984 年	国有资本、香港民间资本	BOT
广州白天鹅饭店	1981 年	广东省旅游局、香港民间资本	BOT
北京国际饭店	1983 年	国家旅游局、外国资本	BOT

（三）经验总结

该阶段的项目主要由投资人发起，通过与政府谈判而达成一致，没有竞争性的招投标过程，审批缺乏的明确的文件法规约束指引。该阶段的项目主要由各地方自行推进，推进过程中风险较大，其中的大部分风险由地方政府和项目投资方承担。这阶段实践的项目不多，形成的经验也不多。

二、我国政府和社会资本合作的试点推广阶段

1994 年，原国家计委（现国家发展和改革委员会）选择了广西来宾 B 电厂项目、成都第六水厂项目、广东电白高速公路项目、武汉军山长江大桥项目和长沙望城电厂项目，作为推广政府和社会资本合作模式的试点项目。这些试点项目标志着，社会资本进入公共基础设施领域的实践已经从单纯依靠社会推动，转变为以政府有计划的组织推动。1994~2014 年〔以财政部颁布《关于推广运用政府和社会资本合作模式有关问题的通知》（财金〔2014〕76 号）为止〕这二十年，是我国 PPP 模式的试点推广阶段。

社会资本进入公共基础设施领域已经由前一阶段的以外资为主推进，转变为以政府有计划有组织的推动。在这个过程中，政府先选择试点项目，制定相关法规和支持性政策，放开准入门槛，明确职能边界，增加社会资本进入公共服务的领域范围，统筹双方合作模式和方式，并逐步提高了 PPP 项目的容量和质量。在这一阶段，我国 PPP 项目主要涉及到的是能源、交通、环境、水利、片区开发等行业和领域，由点带面推广。总的来看，这二十年是我国 PPP 的试点推广阶段。

(一) 出台的政策法规

在这一阶段,国家逐渐在政策法规上给予支持并放宽,准入限制,地方政府也积极响应,纷纷出台相应的地方性文件和规范,推动当地 PPP 模式的发展。

中央层面而言,1995 年 1 月 16 日原对外经贸部(现商务部)出台的《对外贸易经济合作部关于以 BOT 方式吸收外商投资有关问题的通知》明确指出,外商可以以合作、独资或合资的方式建立项目公司;1995 年 8 月,原国家计划委员会、原电力部、交通部联合出台的《关于试办外商投资特许权项目审批管理有关问题的通知》,不仅定义了"建设——运营——移交投资方式"(BOT)的具体含义,而且就相关的基础建设项目引入外资,成立项目公司,由项目公司负责融资建造和维护等等都做出了详细的说明。2001 年 12 月 11 日,原国家计划委员会颁布的《国家计委关于促进和引导民间投资的若干意见的通知》指出,要充分调动和发挥民间投资者的积极性,支持民间投资健康发展,鼓励和引导民间投资以独资、合作、联营、参股、特许经营等方式,参与基础设施和公益性事业项目建设,同时,提出转变思想观念、逐步放宽投资领域、积极拓宽融资渠道、实行公正合理的税费政策、建立社会化服务体系、改进政府的管理工作等六条意见。之后又颁布《关于加快市政公用行业市场化进程的意见》(2002)、《市政公用事业特许经营管理办法》(2004)、《关于鼓励支持和引导个体私营等非公有制经济发展的若干意见》(2005)、《国务院关于鼓励和引导民间投资健康发展的若干意见》(2010)、《关于鼓励和引导民间投资进入物流领域的实施意见》(2012)等相关文件,放开了社会资本进入公共领域对的界限,积极鼓励社会资本提供基础设施和服务。

与此同时,地方政府也出台了运用 PPP 模式提供公共服务相关文件,促进 PPP 模式发展。比如:广西出台了《关于安排政府性资金对民间投资主体同等对待的通知》(桂发改投资〔2013〕1287 号)、吉林出台了《吉林省城市污水处理特许经营管理办法》(吉林省人民政府令第 185 号,2006 年)、辽宁出台了《辽宁省人民政府关于鼓励和引导民间投资健康发展的实施意见》(2011 年 12 月 5 日)等。

(二) 典型案例

总体来讲,此阶段的大多数 PPP 项目都很成功,其中:北京地铁四号线更被列为典型在全国推广。目前而言,北京地铁四号线是中国大陆第一个社会投资者参与投资的地铁项目，也是京港两地在基础设施领域投资额最大的合作项目。该项目由香港地铁公司、首创集团以及京投公司三方共同出资，共计金额达到153亿元，其中，按建设责任主体，北京地铁四号线的全部建设内容被分为A、B两部分，A部分主要为地建工程部分，投资额约为107亿元，占四号线总投资额的70%，由北京政府出资设立的四号线公司负责投资建设。B部分主要包括车辆、信号、自动售票系统等机电设备，投资额约为46亿，占四号线投资总额的30%，由社会投资者组建的北京地铁四号线特许经营公司负责投资建设。两者签定"资产租赁协议"，明确在四号线竣工验收后，特许经营公司取得A部分资产的使用……特许公司负责地铁四号线的运营管理、全部设施的维护和除洞体外的资产更新，以及站内的商业经营，通过地铁票款及站内经营收入回收投资。在特许经营期结束后，特许公司将B部分项目设施完好、无偿的移交给市政府指定部门，将A部分项目设施还给四号线公司。从其效果上来看，该项目为北京市引入香港地铁公司丰富的地铁运营经验，节约了财政支出，也提高了当地的公共服务的供给效率和水平，社会资本也获得了稳定的回报。目前看此项目较为成功，并计划于2039年完成移交（见图3-1）。

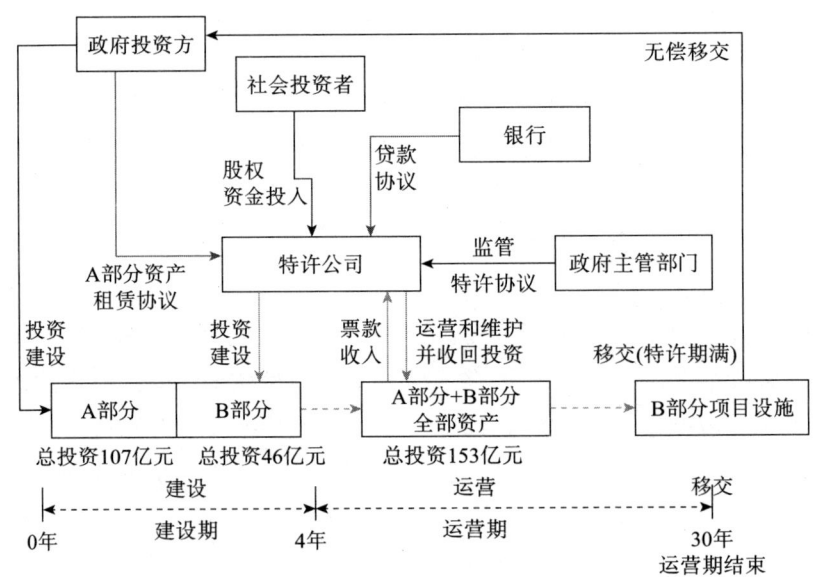

图3-1 北京地铁四号线项目PPP模式构成图

（三）特征与经验总结

这一阶段的PPP实践呈现以下几个特征：一是PPP模式运用领域越来越多。

虽然这一阶段PPP项目多集中在基础设施领域，并向着多元化的趋势发展，教育、养老、文化等领域的政府和社会资本合作也在不断深入。二是PPP项目运作模式日趋规范。中央和地方政府都积极主动推进、参与并运用PPP模式，出台了政策法规，从项目识别、项目准备、到项目建设和维护、移交等多个环节进行规范，PPP项目已经运用公开透明的招投标程序。

总的来看，这一阶段，PPP模式发展相对较快，但在2009～2014年PPP发展相对缓慢。从这一阶段的成功与失败的案例，可以看出：一是政府作用至关重要。运用PPP模式提供公共服务，政府角色已发生重要的变化，需要加强政府监管。二是引入竞争机制是充分发挥PPP模式应有作用的重要保障。通过适度竞争，有助于完善市场秩序，并提高PPP项目的整体建设和运营水平。三是充分挖掘了国内社会资本的潜力。国内社会资本既有服务能力也有服务意识，积极引导国内资本参与公共服务的提供。

三、我国政府和社会资本合作的全面推进阶段

自2013年以来，我国政府就用"政府与社会资本合作模式"来定义PPP这一概念，特别是在十八届三中全会提出"允许社会资本通过特许经营等方式参与城市基础设施投资和运营"之后，PPP模式发展进入全面推进阶段。在这一阶段，国家相关部门积极推进PPP模式，不仅出台了相关政策、设立了组织机构，还不断完善了相关政策，部分地方政府、社会资本还积极创新，形成了中国特色的创新实践。

（一）发展背景

近年来，我国经济发展进入新常态，财政收入增长也进入新常态，财政收入高速增长将成为历史，而我国财政支出具有刚性，加大了财政收支压力，迫切需要深化财税领域改革，其中包括要加快推进运用政府和社会资本合作方式提供公共服务。

1. 经济发展进入新常态，需要加快转变经济发展方式

改革开放以来，我国经济快速发展，经济高速增长。近年来，我国经济增长进入新常态，经济由高速增长进入中高速增长，财政收入高速增长也将成为历史。由表3-2不难看出，1992～2014年每年的财政收入增长率均高于GDP增长

率，2015年、2016年财政收入增长率均低于GDP增长率，2015年GDP增长率为6.9%，而财政收入增长率为5.8%；2016年GDP增长率为6.7%，而财政收入增长率为4.5%。1993~2015年每年的财政支出增长率均高于GDP增长率，2016年财政支出增长率低于GDP增长率，2016年GDP增长率为6.7%，而财政支出增长率为6.4%。

表3-2　　改革开放以来我国GDP、财政收入与财政支出增长率

年份	GDP增长率（%）	财政支出增长率（%）	财政收入增长率（%）
1979	7.60	14.20	1.20
1980	7.80	-4.13	1.18
1981	5.10	-7.50	1.40
1982	9.00	8.00	3.10
1983	10.80	14.60	12.80
1984	15.20	20.70	20.20
1985	13.40	17.83	22.03
1986	8.90	10.00	5.80
1987	11.70	2.60	3.60
1988	11.20	10.10	7.20
1989	4.20	13.35	13.05
1990	3.90	9.20	10.21
1991	9.30	9.83	7.23
1992	14.20	10.50	10.60
1993	13.90	24.05	24.85
1994	13.00	24.78	19.99
1995	11.00	17.80	19.63
1996	9.90	16.32	18.68
1997	9.20	16.33	16.78
1998	7.80	16.94	14.16
1999	7.70	22.13	15.88
2000	8.50	20.46	17.05
2001	8.30	18.99	22.33
2002	9.10	16.67	15.36
2003	10.00	11.78	14.87
2004	10.10	15.60	21.60

续表

年份	GDP 增长率（%）	财政支出增长率（%）	财政收入增长率（%）
2005	11.40	19.11	19.90
2006	12.70	19.13	22.47
2007	14.20	23.20	32.40
2008	9.70	25.70	19.50
2009	9.40	21.90	11.72
2010	10.60	17.80	21.30
2011	9.50	21.60	25.00
2012	7.90	15.30	12.90
2013	7.80	11.30	10.20
2014	7.30	8.30	8.60
2015	6.90	13.20	5.80
2016	6.70	6.40	4.50

数据来源：根据中国统计年鉴整理得来。

改革开放以来，我国依靠投资、出口作为经济增长的主要动力。目前，经济增长动力正在转换，传统依靠投资、出口作为经济增长的主要动力正在发生变化，而依靠创新等作为新动能正在形成。

2. 我国积极推进国家治理体系和治理能力现代化

长期以来，受"公共服务提供是政府单方面的义务与责任"理念的影响，我国政府大包大揽提供公共服务。政府由于受财力和能力所限，提供公共服务的数量和质量均难以完全满足居民和社会发展的要求。改革开放近40年，我国经济快速发展，市场、社会主体不断发展壮大，并积极主动参与公共服务提供。目前，市场、社会主体已成为公共服务提供的重要力量。市场、社会主体发挥各自的优势，更加高效的提供公共服务。随着经济发展，我国更加注重民生发展希望为居民提供数量更多、质量更好的公共服务。由于政府自身难以满足居民多样化的公共需求，充分发挥市场、社会的积极性提供公共服务，这为PPP模式发展提供了重要的机遇。尤其是近年来，我国实施简政放权改革，主动还权给市场、社会，为政府和社会资本合作提供了广阔的空间。

在这样的背景下，推进政府和社会资本合作，既符合推进国家治理能力现代化需要，又符合市场、社会的需求，还能满足居民的期待，能实现政府、市场、社会、居民等多方共赢。

(二) 出台并完善相关政策法规，为政府和社会资本合作营造良好的政策环境

我国大力推行 PPP 模式，财政部、国家发改委、环保部、民政部、交通部、住建部、水利部、工信部、能源局、税务总局、人民银行、证监会等相关部门，出台相关的政策。从宏观层面来看，按照是否直接作用于我国 PPP 模式的推进，可以将推行 PPP 模式的法律法规、政策文件分为中央的政策、核心法律法规、支持性法律文件三种类型。

中央政策：2013 年 11 月，中国共产党的第十八届中央委员会第三次全体会议通过《中共中央关于全面深化改革若干重大问题的决定》指出，"经济体制改革是全面深化改革的重点，核心问题是处理好政府和市场的关系，使市场在资源配置中起决定性作用和更好发挥政府作用；允许更多国有经济和其他所有制经济发展成为混合所有制经济；允许社会资本通过特许经营等方式参与城市基础设施投资和运营"。2013 年底，习近平总书记在中央经济工作会议上发表重要讲话，指出要着力防控债务风险，把控制和化解地方政府性债务风险作为经济工作的重要任务，把短期应对措施和长期制度建设结合起来，做好化解地方政府性债务风险各项工作。中央政策和总书记的重要讲话精神，为 PPP 模式发展指明了方向。

核心法律法规：PPP 核心法律法规是指国家宏观层面上对 PPP 模式进行的界定和管理办法，具体而言包括对 PPP 概念、运作机制、适用范围、重点领域推广等有明确规定的法律法规。按职责部门划分，我国 PPP 核心法律法规包括国务院层次以及相关职能部门对 PPP 模式出台的相关法律法规。在国务院层面，主要包括国发〔2013〕20 号、国发〔2014〕60 号、国办发〔2010〕58 号、国办发〔2014〕69 号、国办发〔2015〕37 号、国办发〔2015〕42 号和国办发〔2015〕42 号等文件。在职能部门层面，财政部和发改委出台政策相对较多。财政部 PPP 核心法律法规文件主要包括财金〔2014〕76 号、财金〔2014〕113 号、财金〔2014〕112 号、财金〔2014〕156 号、财库〔2014〕215 号、财库〔2014〕215 号、财建〔2015〕29 号、财金〔2015〕21 号、财建〔2015〕90 号、国办发〔2015〕40 号、财建〔2015〕111 号、财金〔2015〕57 号和财库〔2015〕124 号等文件。发改委 PPP 核心法律法规文件主要包括发改投资〔2014〕2724 号、发改农经〔2015〕488 号、发展改革委令第 25 号、发改农经〔2015〕1274 号和发改法规〔2015〕1508 号等文件。此外，财政部还联合其他部门出台了财建〔2016〕34 号、财办建〔2016〕21 号、财综〔2016〕4 号和财建〔2016〕7 号文件。

支持性法律文件：支持性法律法规是指国家层面的为保证PPP项目落地而出台的一系列具有重要支撑作用的法律文件。在我国PPP发展的历程中，支持性的法律法规主要包括《中华人民共和国土地管理法》（1986）、《中华人民共和国公司法》（1993）、《中华人民共和国城市房地产管理法》（1994）、《中华人民共和国商业银行法》（1995）、《中华人民共和国担保法》（1995）、《中华人民共和国建筑法》（1997）、《中华人民共和国价格法》（1997）、《中华人民共和国合同法》（1999）、《中华人民共和国招标投标法》（1999）、《中华人民共和国政府采购法》（2002）、《中华人民共和国港口法》（2003）、《中华人民共和国行政许可法》（2003）、《中华人民共和国公路法》（2004）、《中华人民共和国城乡规划法》（2007）、《中华人民共和国物权法》（2007）、《中华人民共和国企业国有资产法》（2008）、《中华人民共和国保险法》（2009）、《中共中央关于全面深化改革若干重大问题的决定》（2013）、《中华人民共和国环境保护法》（2014）、《中华人民共和国政府采购法实施条例》（2015）和《关于适用〈中华人民共和国行政诉讼法〉若干问题的解释》（2015）等。而支持性的文件则主要是规范性文件和文本，主要包括各部委发布的相关的条例、决定、办法、规定等。由于政府相关部门的职能不一样，住建部主要出台的是城市基础设施方面的示范文本，如《城市污水处理特许经营协议示范文本》、《城镇供热特许经营协议示范文本》；发改委出台《政府核准投资项目管理办法》等有关准入机制制定的明确规定；财政部出台《地方政府存量债务纳入预算管理清理甄别办法》、银监会、交通部、国资委和国土资源部等也出台了相关支持PPP发展的政策。

（三）不断健全PPP工作机制，形成支撑保障体系

在国家层面上，财政部成立PPP工作领导小组、政府和社会资本合作中心，并要求各省设立推广PPP模式领导小组。目前，各省（市、自治区）基本上都建立了各种形式的PPP组织协调机构，统筹协调推进PPP实践。经过几年的实践，逐步形成了PPP推进机制。

为了推进PPP工作，保障PPP模式正常运转，不断健全PPP工作机制。比如：2016年明确了国务院法制办牵头PPP立法，财政部、国家发改委参与。财政部与国家相关部门一起，出台相关领域推广政府和社会资本合作的实施意见或办法，形成推动政府和社会资本合作发展的协调合作机制。《关于进一步共同做好政府和社会资本合作（PPP）有关工作的通知》（财金〔2016〕32号）明确要求，"各地要进一步加强部门间的协调配合，形成政策合力，积极推动政府和社

会资本合作顺利实施。对于涉及多部门职能的政策，要联合发文；对于仅涉及本部门的政策，出台前要充分征求其他部门意见，确保政令统一、政策协同、组织高效、精准发力"。

（四）积极鼓励社会资本、社会参与

近年来，我国积极鼓励社会资本进入 PPP 领域。财政部成立 PPP 基金，引导社会资本进入。2016 年，财政部与全国社会保障基金理事会、中国建设银行股份有限公司等，共同发起设立了注册资本为 1800 亿元的政企合作投资基金。绝大部分地方政府也成立 PPP 基金，促进 PPP 实践发展。

PPP 咨询机构、培训机构、媒体等积极响应。据不完全统计，目前我国有近千家 PPP 咨询、研究机构积极涉足 PPP 领域。

（五）充分发挥政府和社会资本合作示范项目的带动作用

我国在全面推进政府和社会资本合作时，以示范项目带动更多的项目落地，并为 PPP 实践提供经验。至今为止（截止 2017 年 2 月底），财政部已推出了三批 PPP 示范项目，于 2014 年 11 月推出首批 30 个示范项目，于 2015 年 9 月推出第二批 206 个示范项目，财政部联合相关部门于 2016 年 10 月推出第三批 516 个示范项目。

国家发展改革委也推出了第一、第二批推介的 PPP 项目，也推出了第一批向社会资本推介传统基础设施领域 PPP 项目，2015 年还推出北京地铁 4 号线等 13 个 PPP 项目典型案例。

四、我国政府和社会资本合作的特色

PPP 从国外引入我国实践后，我国结合实际情况，大胆探索，因地制宜，形成了具有中国特色的 PPP 实践。与国外相比较，我国 PPP 实践具有以下特点：

（一）我国语境下的政府和社会资本合作的内涵更为丰富

PPP 是 Public—Private—Partnership 的字母缩写，直译为"公私合作"，在我国语境下则使用"政府和社会资本合作"。在我国将 PPP 中的第二个 P（Private）翻译成"社会资本"，不叫"私人资本"，它是相对于政府资金而言的。只要不

是政府的资金,都可以叫社会资本。

我国使用政府和社会资本合作比国外"公私合作"的内涵更为丰富。在我国语境下,提出"社会资本"这一概念,本身就是创新,"社会资本"具有两层含义:一是社会资本的经济属性,表现为经济资本,追逐利润;二是社会资本的社会属性,社会资本承担的社会责任。社会资本进入公共服务领域,不仅是为利润,还应承担一份社会责任。在我国,国有资本以社会资本形式参与PPP项目,也体现了两种属性。一方面,国有资本是经济资本,要保值增值;另一方面,国有资本具有社会责任感,承担社会责任。

(二) 我国推动政府和社会资本合作的进展较快

从国际经验看,发达国家花了二三十年的时间搭建起PPP的制度体系。发达国家落地的PPP项目,有的仅有几十个,有的超过数百个落地,但是我国用两年的时间走完了发达国家十几年的道路,项目的数量多,质量也稳步提高,制度的体系初见成效[①]。

与发达国家相比,我国体制具有集中力量办大事、体制内执行效率高等优势。我国近年推行PPP模式以来,不仅国家相关部门积极出台相关政策,地方政府也积极响应,结合本地实际出台相关政策,为PPP项目落地营造良好的政策环境,社会资本也表现出较高的参与热情。

(三) 以政府和社会资本合作推动公共服务体制机制改革

发达国家运用PPP模式提供公共服务,侧重于以PPP模式提高公共服务供给效率,改善公共服务供给质量。

改革开放以来,我国实行改革开放和市场化改革,对企业、地方政府实施放权让利的改革,培育市场主体。但是我国公共服务仍基本上由政府提供,市场、社会参与较少。政府通过建立相关机构(国有企业、事业单位)提供公共服务。可以这么说,私人产品领域改革相对较快,市场化程度较高,但公共服务领域改革相对较慢。我国现在运用PPP模式提供公共服务,除了提高公共服务供给质量之外,致力于推动公共服务体制机制改革、政府职能转变,改变政府通过建立机构提供公共服务的模式。

---

① 财政部史耀斌副部长在第十五届中国经济论坛(2015年12月18日在北京举行)上发表演讲阐述的观点。

(四) 我国沿着"非均衡发展和边发展、边完善、边规范"的路径推进政府和社会资本合作

总的来看,我国推进政府和社会资本合作呈现非均衡性,由易到难,先重点推进市政、交通、水务等领域的PPP项目。从财政部公布的第一批、第二批政府和社会资本合作示范项目来看,目前的PPP项目主要集中在市政、交通、水务等领域。财政部第一批示范项目30个,主要集中在污水处理、轨道交通、供水、供暖等领域,其中污水处理项目9个,轨道交通占7个,供水和供暖各占3个。财政部第二批示范项目206个,交通类PPP项目36个,水务类PPP项目50个,市政类PPP项目59个,分别占公布的示范项目总数的17.5%、24.3%、28.6%。医疗、文化、养老、科技、教育、体育等领域的PPP项目数量还较少。而且,医疗、教育领域的PPP示范项目主要侧重于医院、学校等基础设施建设,在医疗服务能力、教育质量等软件设施领域的PPP项目更少。

与发达国家运用PPP模式提供公共服务相比,我国虽然用两年的时间走完了发达国家十几年的道路,初步搭建了PPP的制度体系,但与PPP发展相关的制度、政策仍不完善。建立适合我国国情的PPP制度体系,不是一蹴而就的事,我国在推进PPP模式发展时,不断完善政策、体制环境,以规范PPP模式运作。比如:《关于坚决制止地方以政府购买服务名义违法违规融资的通知》(财预〔2017〕87号)指出,"严禁将铁路、公路、机场、通讯、水电煤气,以及教育、科技、医疗卫生、文化、体育等领域的基础设施建设,储备土地前期开发,农田水利等建设工程作为政府购买服务项目"。《关于在公共服务领域深入推进政府和社会资本合作工作的通知》(财金〔2016〕90号)明确指出,"防止政府以固定回报承诺、回购安排、明股实债等方式承担过度支出责任,避免将当期政府购买服务支出代替PPP项目中长期的支出责任,规避PPP相关评价论证程序,加剧地方政府财政债务风险隐患"。

第四章　我国政府和社会资本合作项目的结构分析

近年来，我国大力推进政府和社会资本合作（PPP）模式提供公共服务，各地PPP项目快速发展。但是，PPP项目在行业分布、区域分布、运作模式、回报模式、融资方式等方面呈现差异性。本章根据来自财政部政府和社会资本合作中心公布的PPP项目数据（数据截至2017年2月28日），对PPP项目进行结构分析。

一、政府和社会资本合作项目的区域分布情况

（一）我国推进政府和社会资本合作呈现不平衡性，西部地区入财政部PPP项目库的数量和金额相对较多

由表4-1可以看出，西部地区入财政部PPP项目库的PPP项目为6201个，占全国入库PPP项目数量比例为53.15%；西部地区入财政部PPP项目库的PPP项目金额为65369.43亿元，占全国入库PPP项目金额比例为49.22%，均处于首位。

东部地区入财政部PPP项目库的PPP项目的数量和金额均占第二位。东部地区入财政部PPP项目库的PPP项目为2777个，占全国入库PPP项目数量比例为23.80%；东部地区入财政部PPP项目库的PPP项目金额为35942.82亿元，占全国入库PPP项目金额比例为27.06%。

中部地区入财政部PPP项目库的PPP项目的数量和金额均占第三位。中部地区入财政部PPP项目库的PPP项目为2020个，占全国入库PPP项目数量比例为17.32%；中部地区入财政部PPP项目库的PPP项目金额为24097.99亿元，占全国入库PPP项目金额比例为18.15%。

东北地区入财政部PPP项目库的PPP项目的数量和金额相对较少。东北地区入财政部PPP项目库的PPP项目为668个，占全国入库PPP项目数量比例为5.73%；东北地区入财政部PPP项目库的PPP项目金额为7392.17亿元，占全国入库PPP项目金额比例为5.57%。

表4-1　　　　　东、中、西部和东北地区PPP项目入库情况

地区	PPP项目入库数量数据		PPP项目入库比例数据	
	数量（个）	金额（亿元）	入库数量占比（%）	入库金额占比（%）
东部	2777	35942.82	23.80	27.06
中部	2020	24097.99	17.32	18.15
西部	6201	65369.43	53.15	49.22
东北	668	7392.17	5.73	5.57
合计	11666	132802.4	100.00	100.00

注：1. 东部地区包括北京、天津、河北、山东、江苏、上海、浙江、福建、广东、海南10个省、直辖市；中部地区包括山西、河南、湖北、安徽、湖南、江西6省；西部地区包括内蒙古、新疆、宁夏、陕西、甘肃、青海、重庆、四川、西藏、广西、贵州、云南12个省、市、自治区；东北地区包括黑龙江、辽宁、吉林3个省。2. 财政部政府和社会资本合作中心公布截至2017年2月28日入库的PPP项目数量为11784个，金额为139395.14亿元，但根据入库的各省（市、自治区）PPP项目加总起来为11666个，金额为132802.4亿元。

（二）西部地区中的贵州入库政府和社会资本合作项目数量最多

从西部地区PPP项目入库情况看，贵州入库财政部PPP项目数量和占全国PPP项目库的比重相对较高，占比为15.38%；其次是新疆、内蒙古、四川，占全国PPP项目库的比重分别为8.06%、7.70%、7.40%（见图4-1）。

（三）东部地区中的山东入库政府和社会资本合作项目数量最多

从东部地区PPP项目入库情况看，山东入库财政部PPP项目数量和占全国PPP项目库的比重相对高，占比为9.07%（见图4-2）。

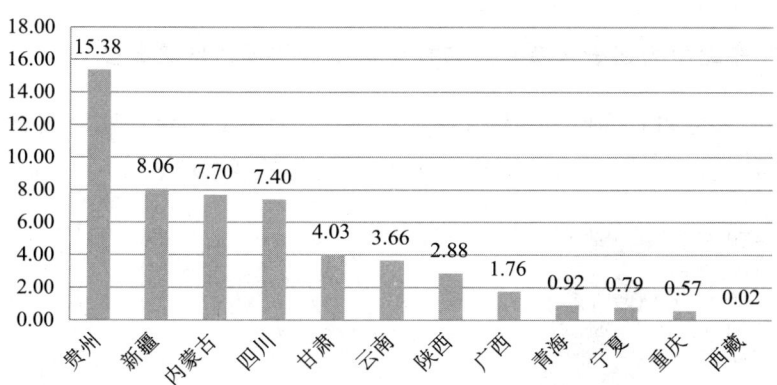

图 4-1 西部地区各省份入库 PPP 项目占全国比重（%）

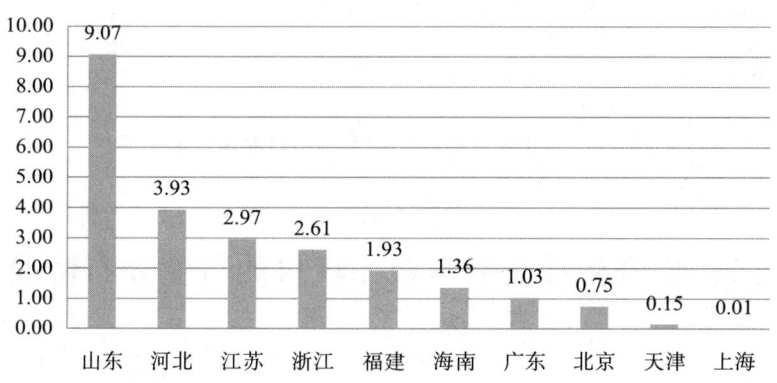

图 4-2 东部地区各省份入库 PPP 项目占全国比重（%）

（四）中部地区中的河南入库政府和社会资本合作项目数量最多

从中部地区 PPP 项目入库情况看，河南省入库财政部 PPP 项目数量和占全国 PPP 项目库的比重相对较高，占比为 7.37%（见图 4-3）。

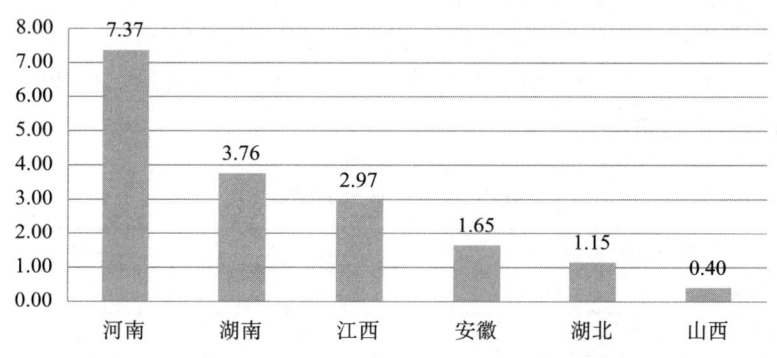

图 4-3 中部地区各省份入库 PPP 项目占全国比重（%）

(五) 东北中的辽宁入库政府和社会资本合作项目数量最多

从东北地区 PPP 项目入库情况看，辽宁入库财政部 PPP 项目数量和占全国 PPP 项目库的比重相对较高，占比为 3.99%（见图 4-4）。

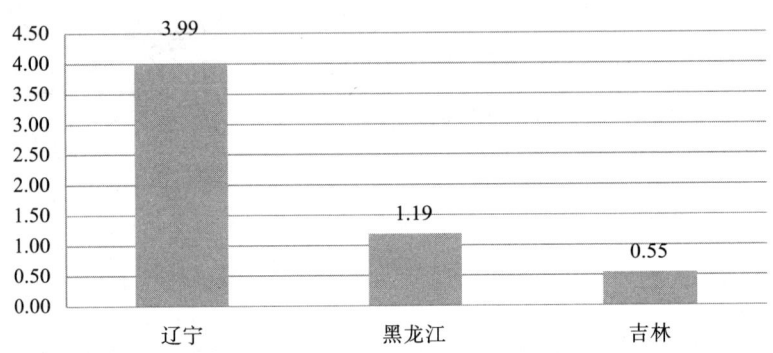

图 4-4 东北各省份入库 PPP 项目占全国比重（%）

二、政府和社会资本合作项目的行业分布情况

(一) 政府和社会资本合作项目主要分布在市政、交通运输、城镇综合开发、旅游、生态建设和环境保护、教育等领域

总的来看，各行业的 PPP 项目发展都取得了一定的进展，截至 2017 年 2 月 28 日，入财政部 PPP 项目库 11784 个项目，项目金额 13.9 万亿元，分布在能源、交通运输、水利建设、生态建设和环境保护、农业、林业等 19 个行业（见表 4-2）。但是，运用政府和社会资本合作在各行业发展不均衡，市政、交通运输、城镇综合开发、旅游、生态建设和环境保护、教育等领域的 PPP 项目占入库项目的比重超过 70%。

表 4-2　　　　　　　　PPP 项目行业分布情况

序号	PPP 项目所属行业	数量（个）	占入库项目比例（%）
1	市政工程	4151	35.23
2	交通运输	1430	12.14
3	旅游	719	6.10

续表

序号	PPP项目所属行业	数量（个）	占入库项目比例（%）
4	城镇综合开发	713	6.05
5	生态建设和环境保护	702	5.96
6	教育	582	4.94
7	水利建设	558	4.74
8	保障性安居工程	520	4.41
9	医疗卫生	513	4.35
10	文化	330	2.80
11	养老	292	2.48
12	其他	287	2.44
13	体育	218	1.85
14	能源	201	1.71
15	政府基础设施	189	1.60
16	科技	135	1.15
17	农业	118	1.00
18	社会保障	107	0.91
19	林业	19	0.16
20	合计	11784	100

其中，在19个行业，市政PPP项目数量最多，4151个，占入库项目的35.23%；其次是交通运输PPP项目，1430个，占入库项目的12.14%；然后分别是城镇综合开发PPP项目，713个，占入库项目的6.05%；旅游PPP项目，719个，占入库项目约为6.10%；生态建设和环境保护PPP项目，702个，占入库项目约为5.96%；教育PPP项目，582个，占入库项目约为4.94%；水利建设PPP项目，558个，占入库项目约为4.74%；保障性安居工程PPP项目，520个，占入库项目约为4.41%；医疗卫生PPP项目，513个，占入库项目约为4.35%（见表4-2、图4-5）。

（二）各地的市政工程、交通运输类政府和社会资本合作项目占重要的比重

通过分析31个省（市、自治区）入库财政部PPP项目库中，可以总结出以下特征：

一是除重庆之外的其他30个省（市、自治区）入财政部PPP项目中，市政工程类PPP项目均位居入库项目的首位（见图4-6~图4-36）。

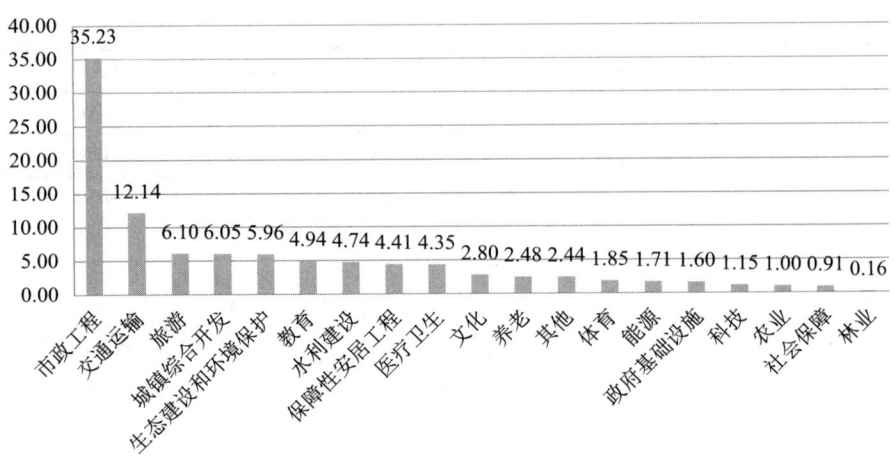

图 4-5 PPP 项目行业分布的比例情况（按将分布比例降序排列）

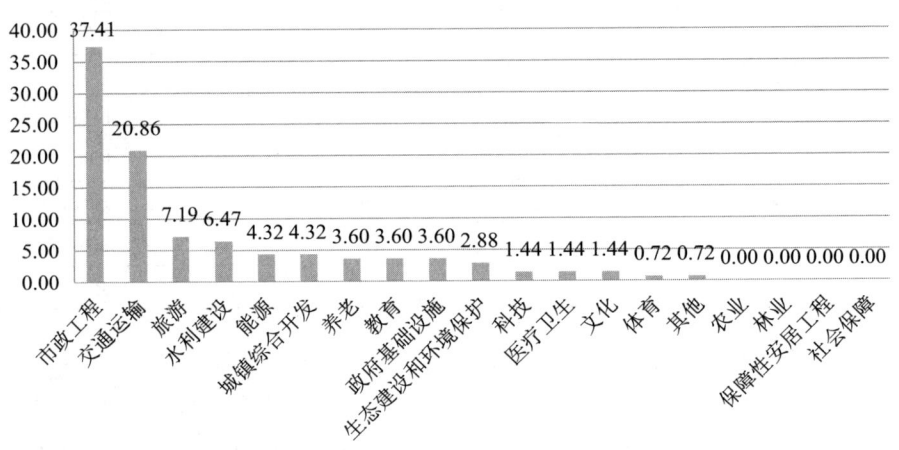

图 4-6 黑龙江 PPP 项目行业结构比重（%）

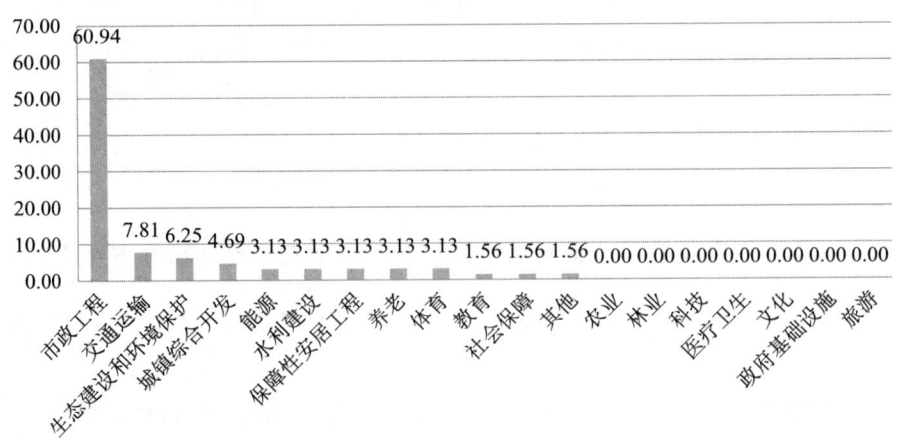

图 4-7 吉林 PPP 项目行业结构比重（%）

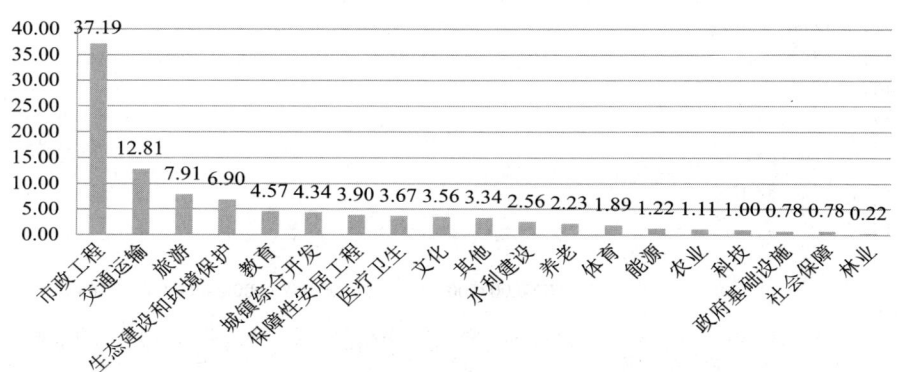

图 4-8 内蒙古 PPP 项目行业结构比重（%）

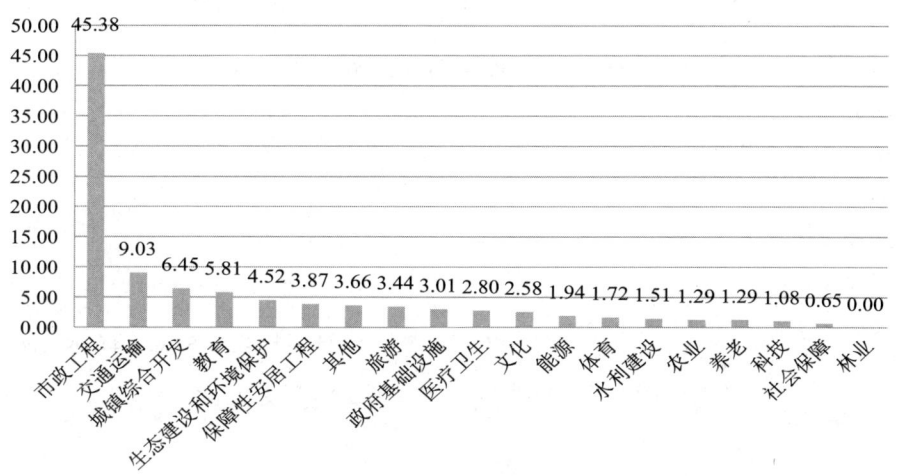

图 4-9 辽宁 PPP 项目行业结构比重（%）

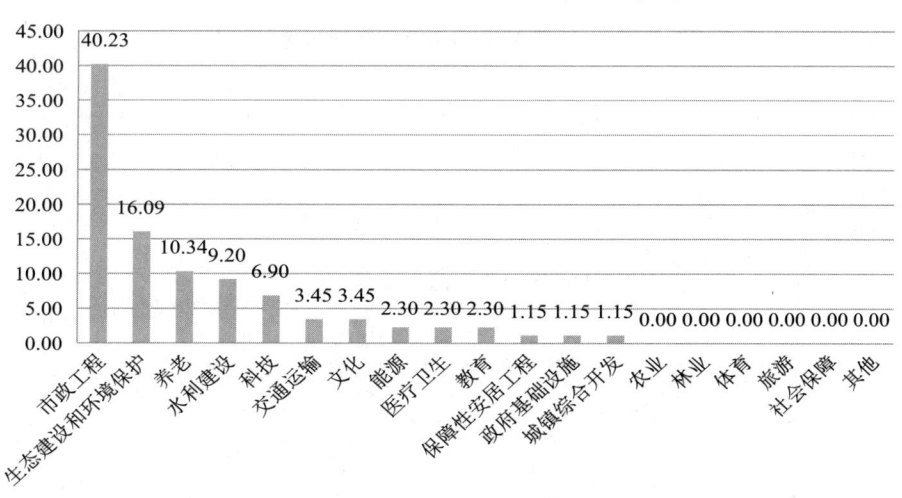

图 4-10 北京 PPP 项目行业结构比重（%）

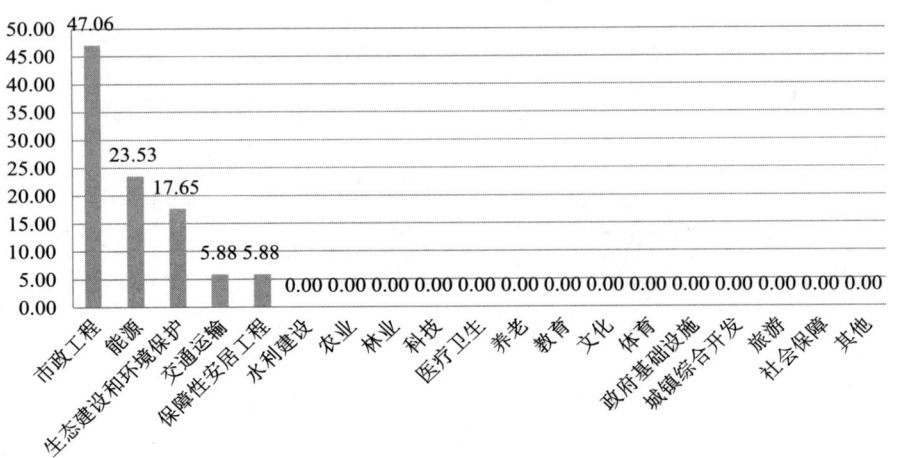

图 4-11 天津 PPP 项目行业结构比重（%）

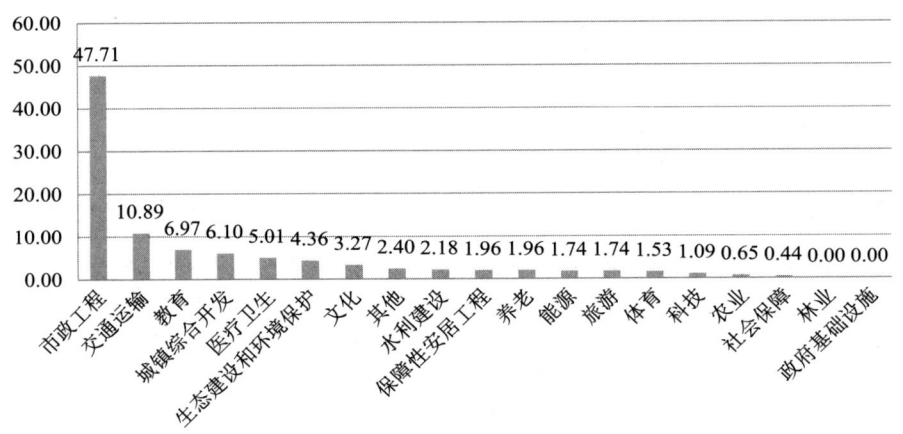

图 4-12 河北 PPP 项目行业结构比重（%）

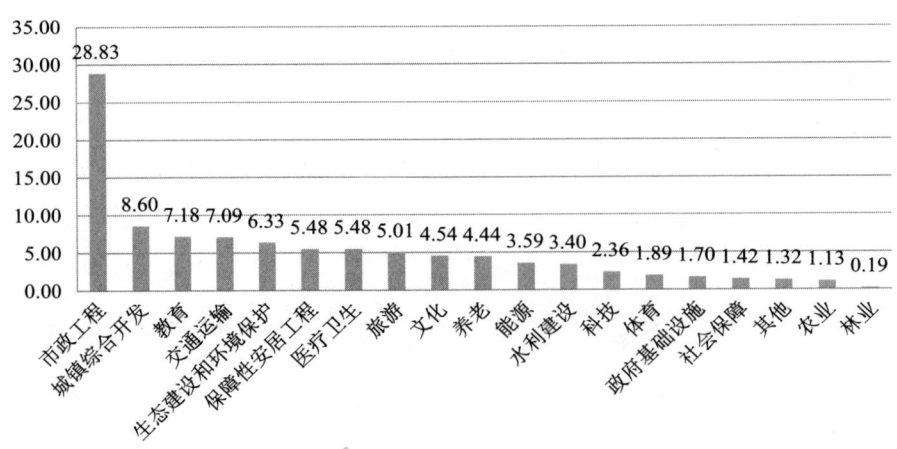

图 4-13 山东 PPP 项目行业结构比重（%）

第四章 我国政府和社会资本合作项目的结构分析

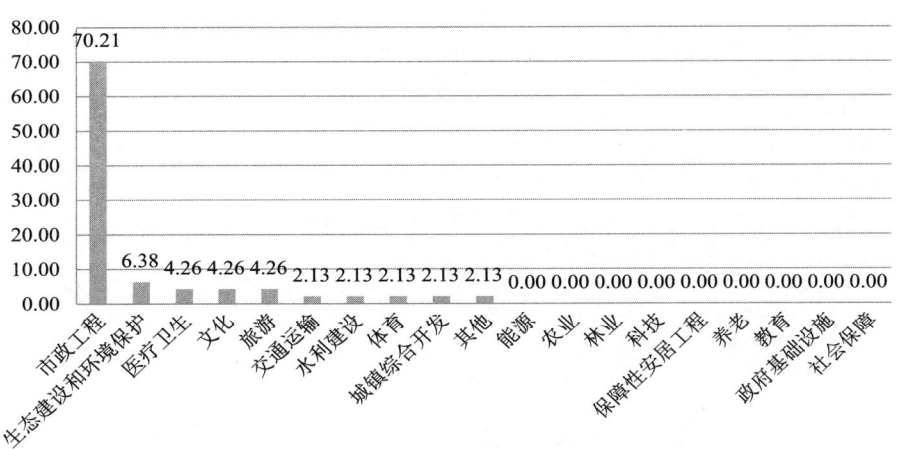

图 4-14 山西 PPP 项目行业结构比重（%）

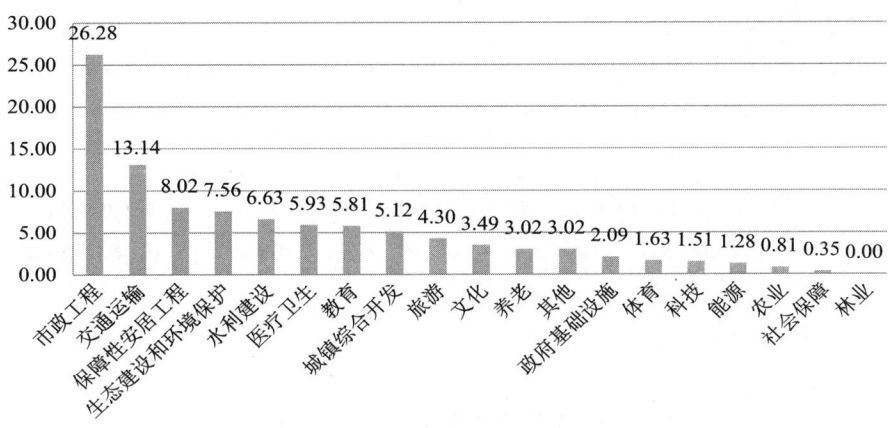

图 4-15 河南 PPP 项目行业结构比重（%）

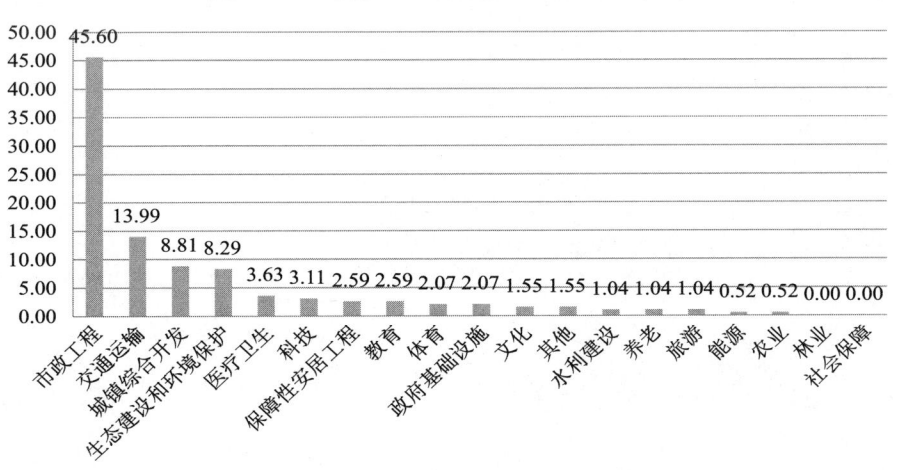

图 4-16 安徽 PPP 项目行业结构比重（%）

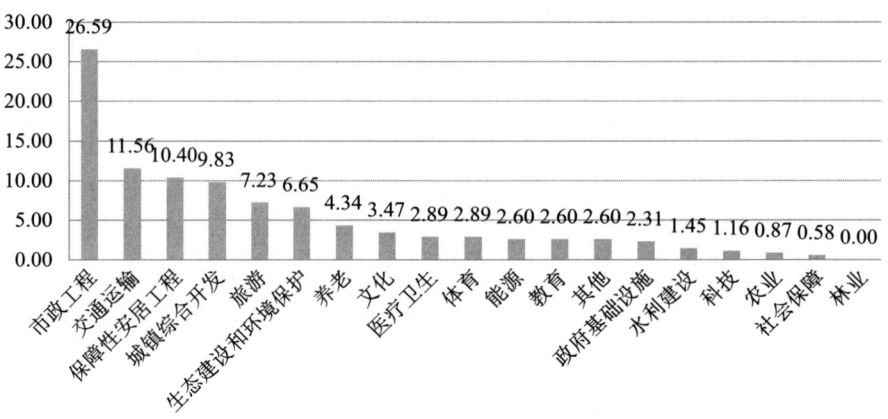

图 4-17　江苏 PPP 项目行业结构比重（%）

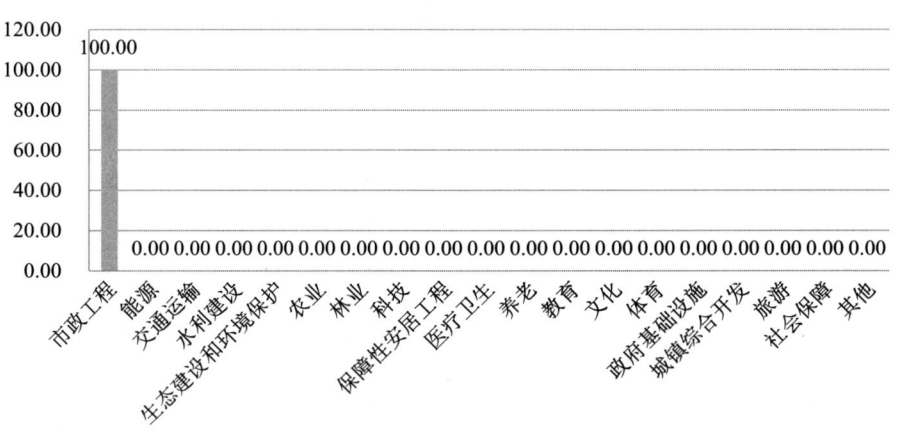

图 4-18　上海 PPP 项目行业结构比重（%）

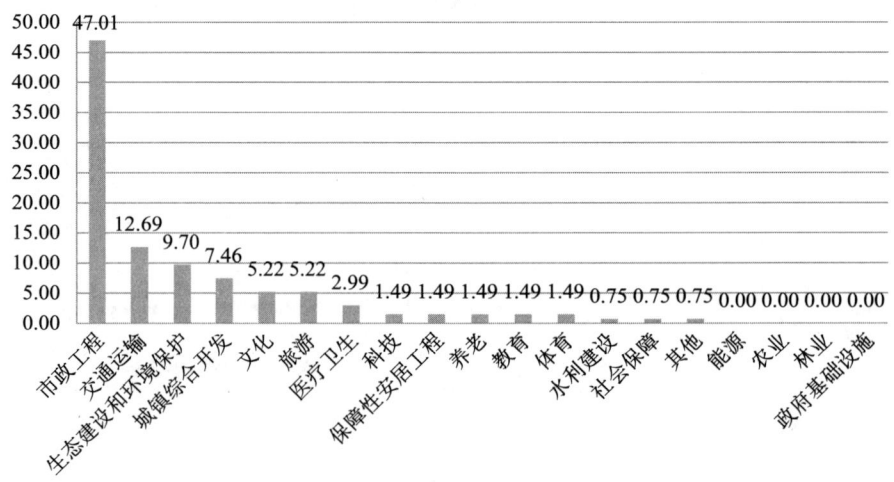

图 4-19　湖北 PPP 项目行业结构比重（%）

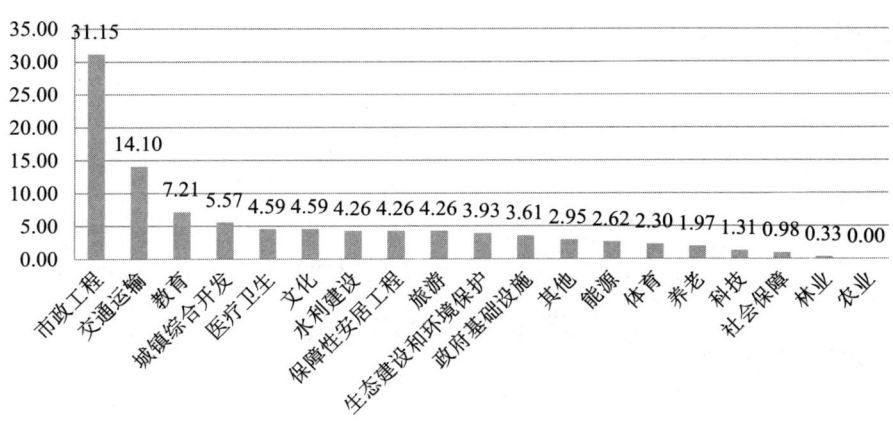

图 4-20 浙江 PPP 项目行业结构比重（%）

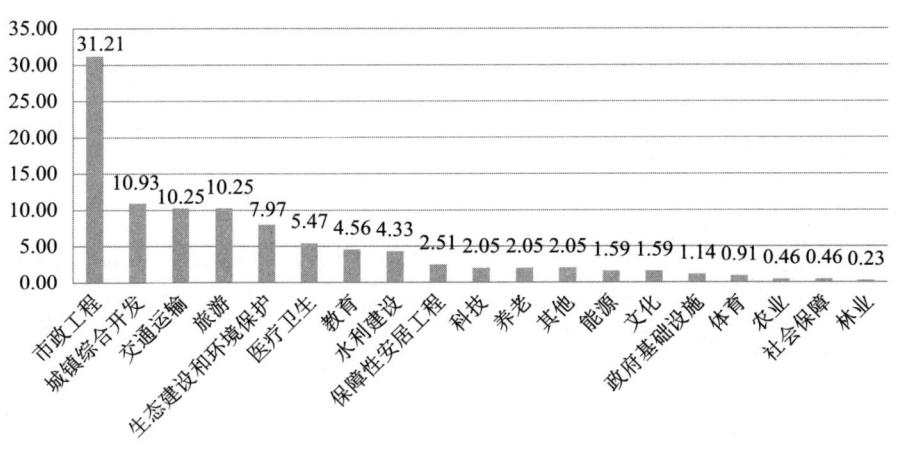

图 4-21 湖南 PPP 项目行业结构比重（%）

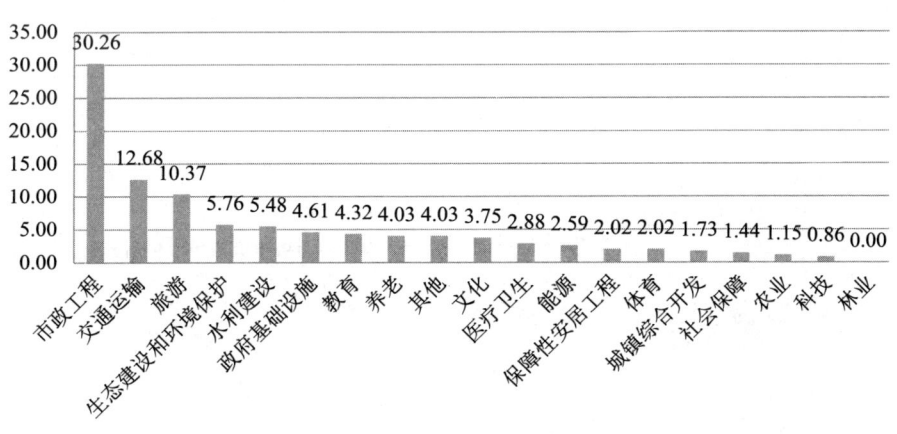

图 4-22 江西 PPP 项目行业结构比重（%）

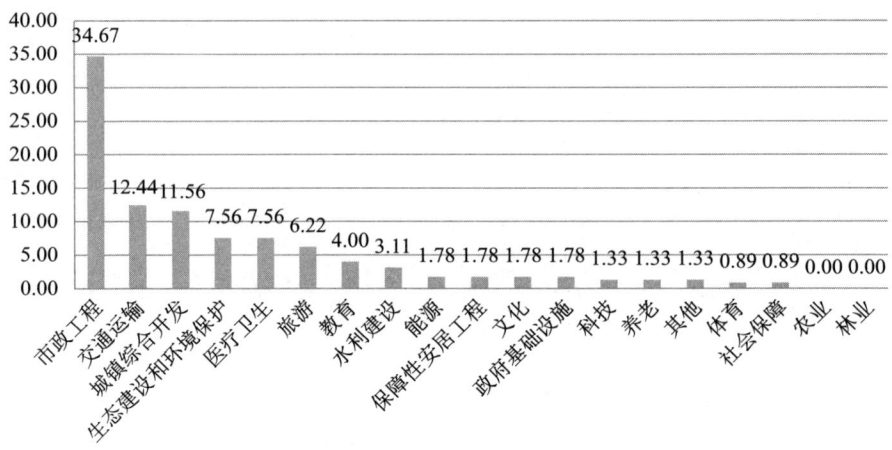

图 4-23 福建 PPP 项目行业结构比重（%）

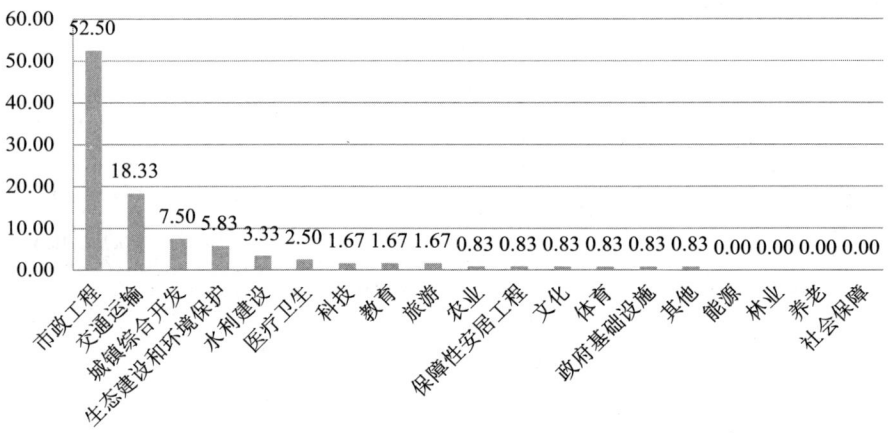

图 4-24 广东 PPP 项目行业结构比重（%）

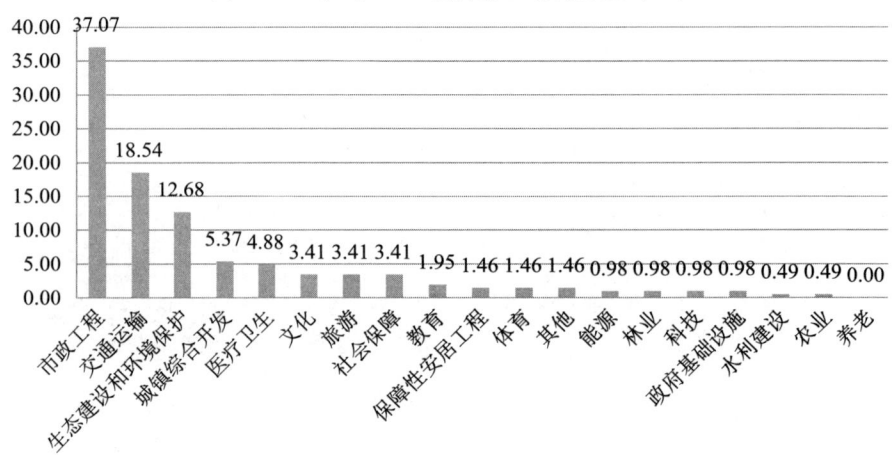

图 4-25 广西 PPP 项目行业结构比重（%）

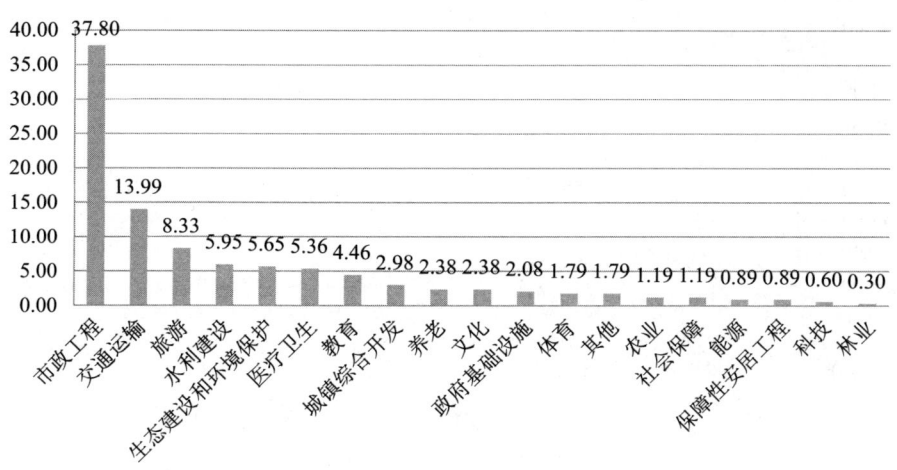

图 4-26 陕西 PPP 项目行业结构比重（%）

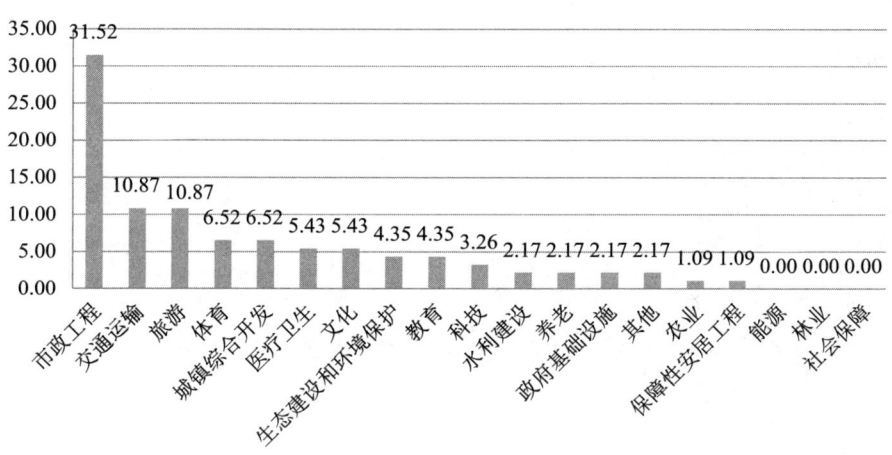

图 4-27 宁夏 PPP 项目行业结构比重（%）

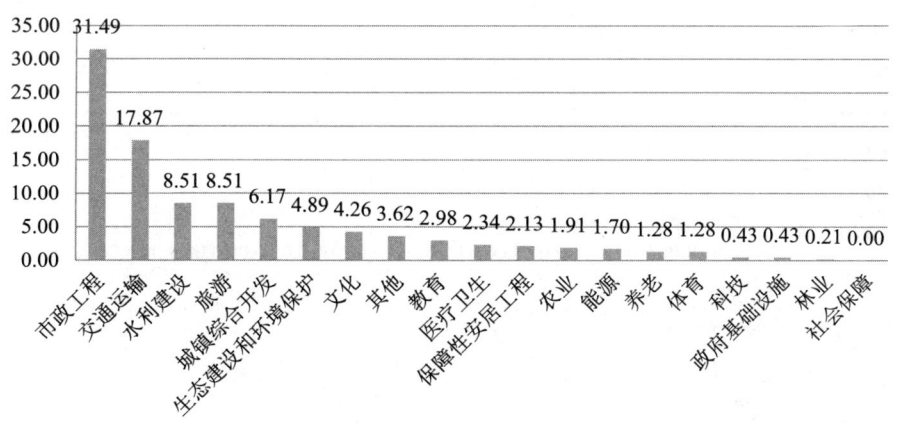

图 4-28 甘肃 PPP 项目行业结构比重（%）

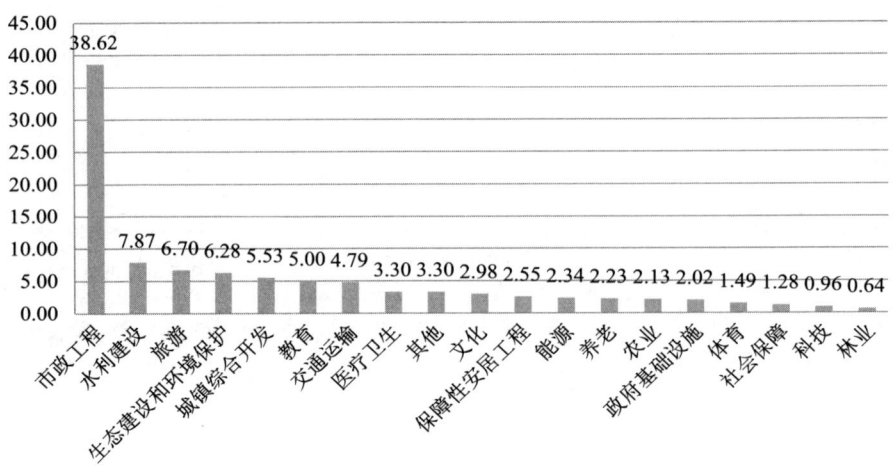

图 4−29　新疆 PPP 项目行业结构比重（%）

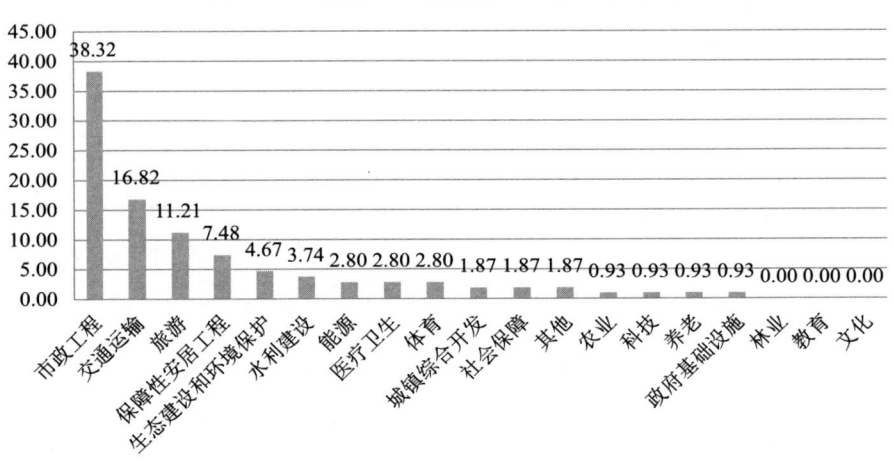

图 4−30　青海 PPP 项目行业结构比重（%）

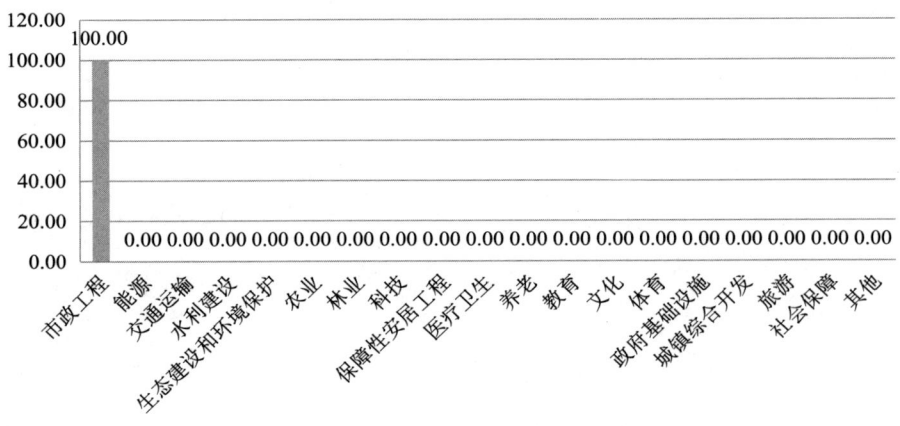

图 4−31　西藏 PPP 项目行业结构比重（%）

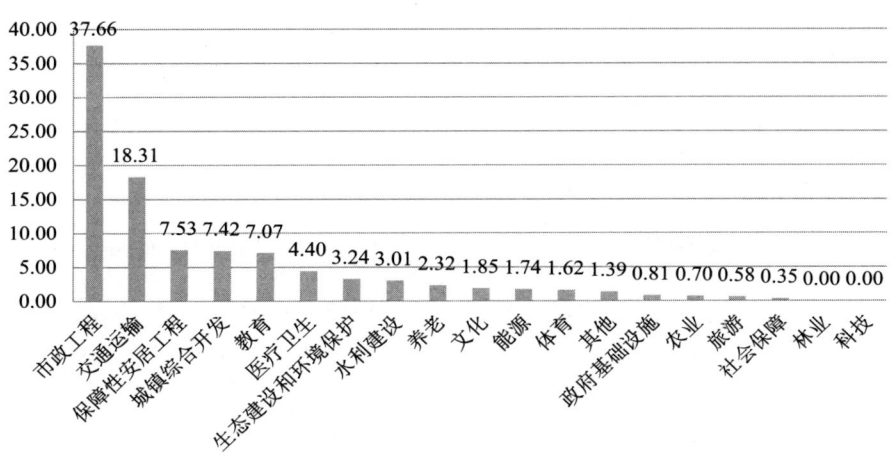

图 4-32 四川 PPP 项目行业结构比重（%）

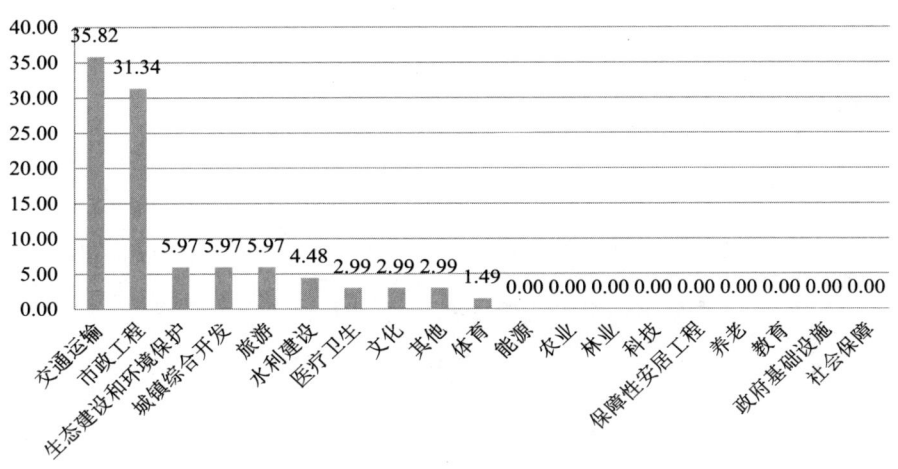

图 4-33 重庆 PPP 项目行业结构比重（%）

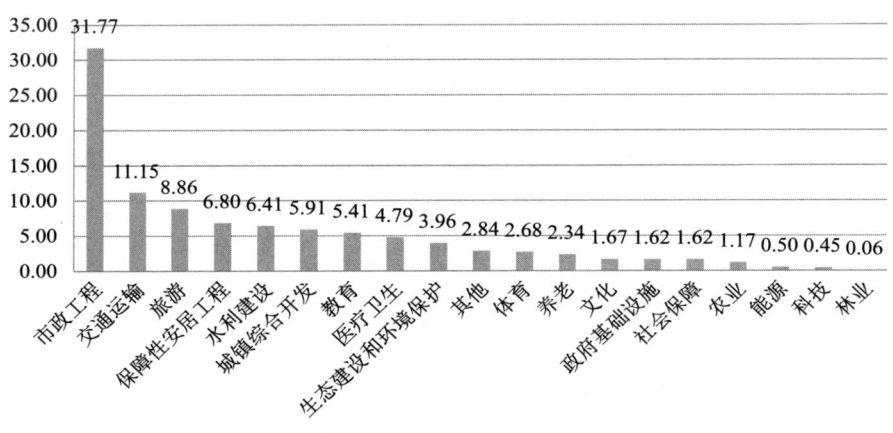

图 4-34 贵州 PPP 项目行业结构比重（%）

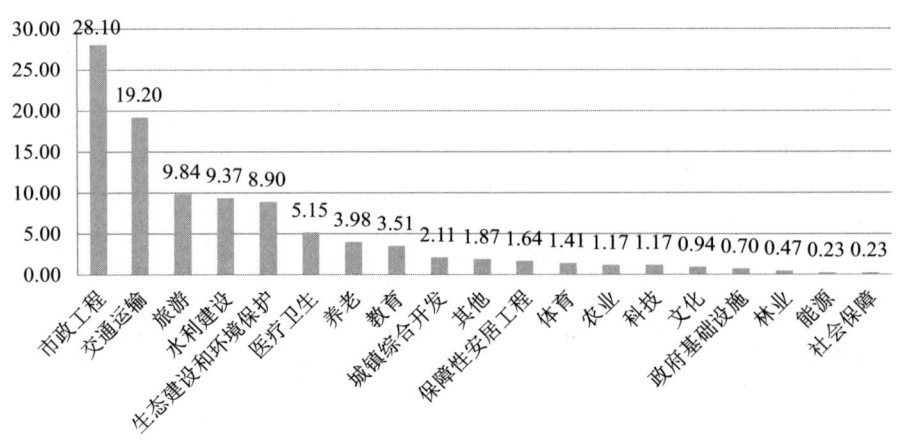

图 4-35 云南 PPP 项目行业结构比重（%）

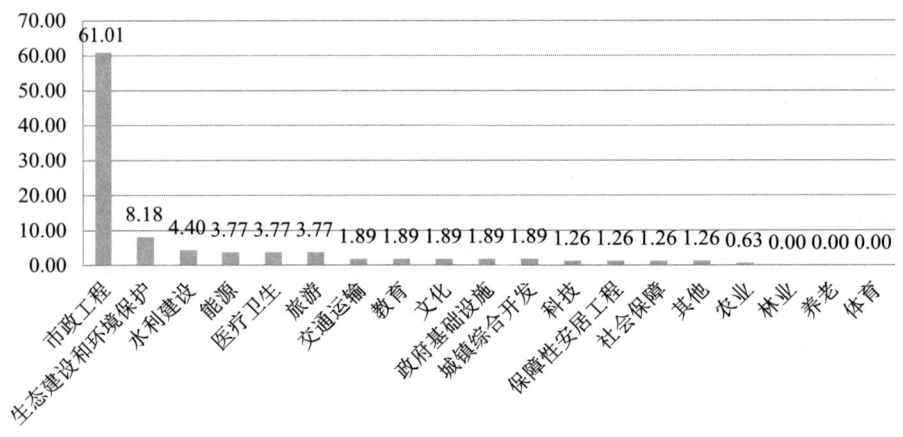

图 4-36 海南 PPP 项目行业结构比重（%）

从各地市政工程类 PPP 项目数量看，贵州、新疆、内蒙古、四川四个省（自治区）入库市政工程类 PPP 项目数量最多，入库数量分别为 570 个、363 个、334 个、325 个（见图 4-37）。

二是大部分地方交通运输类 PPP 项目位居其入库项目中的第二位。对 31 个省（市、自治区）入库的 PPP 项目行业结构分析发现，占入库 PPP 项目的比重在所有行业中的排序居第二位是交通运输类 PPP 项目，分别是黑龙江、广东、云南、四川、甘肃、广西、青海、陕西、浙江、安徽、河南、内蒙古、湖北、江西、福建、江苏、贵州、河北、辽宁、吉林、宁夏等 21 个省（自治区）（见表4-3）。

第四章 我国政府和社会资本合作项目的结构分析

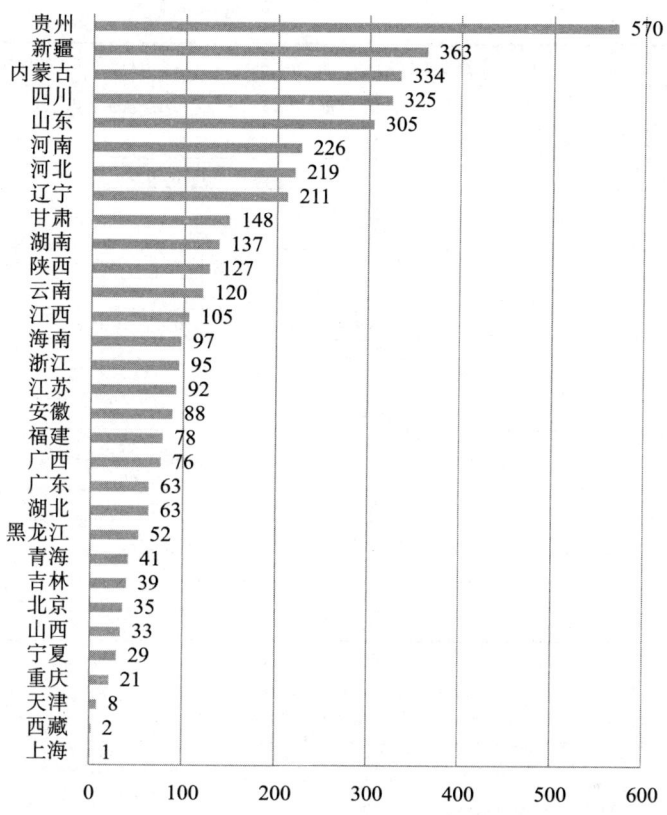

图 4-37 各省（市、自治区）市政工程类 PPP 项目数量（个）

表 4-3　　各省（市、自治区）交通运输类 PPP 项目比重

省（市、自治区）	交通运输类 PPP 项目占入库 PPP 项目的比重（%）	交通运输类 PPP 项目占入库 PPP 项目的比重在所有行业中的排序
重庆	35.82	1
黑龙江	20.86	2
广东	18.33	2
云南	19.20	2
四川	18.31	2
甘肃	17.87	2
广西	18.54	2
青海	16.82	2
陕西	13.99	2
浙江	14.10	2
安徽	13.99	2
河南	13.14	2
内蒙古	12.81	2
湖北	12.69	2

77

续表

省（市、自治区）	交通运输类 PPP 项目占入库 PPP 项目的比重（%）	交通运输类 PPP 项目占入库 PPP 项目的比重在所有行业中的排序
江西	12.68	2
福建	12.44	2
江苏	11.56	2
贵州	11.15	2
河北	10.89	2
湖南	10.25	3
宁夏	10.87	2
辽宁	9.03	2
吉林	7.81	2
山东	7.09	4
天津	5.88	4
新疆	4.79	7
北京	3.45	6
山西	2.13	6
海南	1.89	7
上海	0.00	
西藏	0.00	

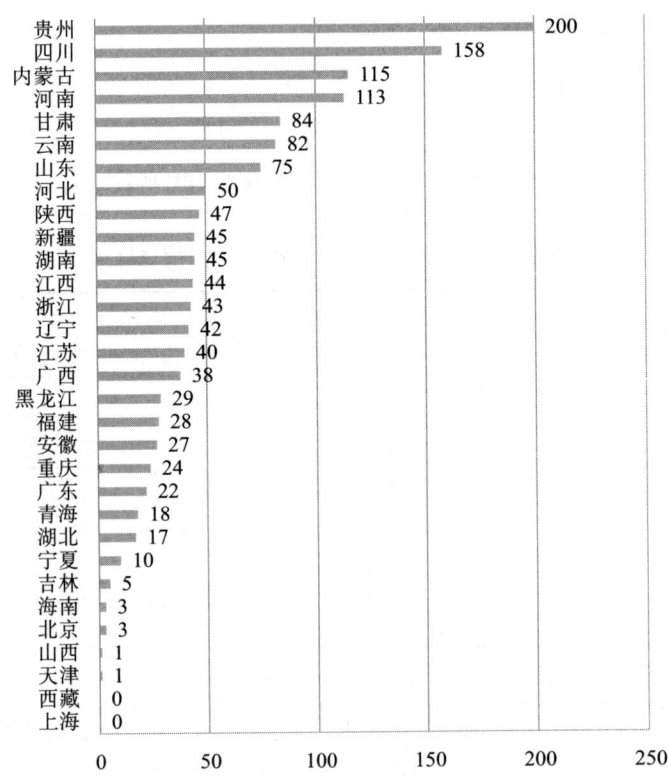

图 4-38　各省（市、自治区）交通运输类 PPP 项目数量（个）

由图4-38可以看出,从各地交通运输类PPP项目数量看,贵州、四川、内蒙古、河南四个省(自治区)入库交通运输类PPP项目数量最多,入库数量分别为200个、158个、115个、113个。

三、政府和社会资本合作项目的投资金额分布情况

(一)政府和社会资本合作项目投资金额大多数在1亿元以上

由表4-4可以看出,投资金额在1亿元以上的PPP项目,占入库PPP项目的82.09%,其中,投资金额在1亿~3亿元的PPP项目为3186个,占入库PPP项目的27.04%;投资金额在3亿~10亿元的PPP项目为3480个,占入库PPP项目的29.53%;投资金额在10亿元以上的PPP项目为3008个,占入库PPP项目的25.53%。

表4-4　　　　　　　　　入库PPP项目投资金额

PPP项目投资金额	PPP项目数量(个)	占全部入库项目比重(%)
1亿元以下	2110	17.91
1亿~3亿元	3186	27.04
3亿~10亿元	3480	29.53
10亿元以上	3008	25.53
合计	11784	100.00

(二)江苏、湖北、湖南、广东、广西、重庆、云南等地等政府和社会资本合作项目投资额在10亿元以上占其入库项目的比重相对较多

对每个省(市、自治区)入库的PPP项目投资额进行结构分析得出,大多数地方与全国入库PPP项目投资额的结构类似,但江苏、湖北、湖南、广东、广西、重庆、云南等地的政府和社会资本合作项目,投资额在10亿元以上占其入库项目比重相对较多,分别为50.58%、40.30%、46.24%、35.83%、30.24%、56.72%、34.89%,高于全国25.53%这一比重(见图4-39)。

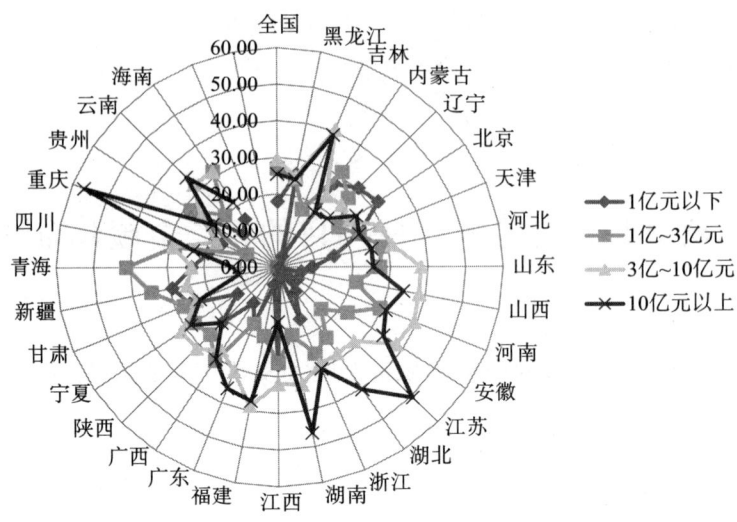

图 4-39　各省（市、自治区）PPP 项目投资额比重比较图（西藏、上海除外）

（三）各行业的政府和社会资本合作项目投资额呈现不均衡性，交通运输、保障性安居工程、城镇综合开发等行业的政府和社会资本合作项目投资在 10 亿元以上占其入库项目的比重相对较多

与全国入库 PPP 项目投资额的结构相比，交通运输、保障性安居工程、城镇综合开发领域的政府和社会资本合作项目投资在 10 亿元以上的项目数量相对较多，占其入库项目比重分别为 48.18%、41.92%、47.83%，高于全国 25.53% 这一比重。

与全国入库 PPP 项目投资额的结构相比，社会保障领域的政府和社会资本合作项目投资在 1 亿元以下的项目数量相对较多，占其入库项目比重为 41.12%，高于全国 17.91% 这一比重。

与全国入库 PPP 项目投资额的结构相比，能源领域的政府和社会资本合作项目投资在 3 亿～10 亿元之间的项目数量相对较多，占其入库项目比重为 50.75%，高于全国 29.53% 这一比重（见表 4-5）。

表 4-5 各行业 PPP 项目的投资额分布情况

	全国	能源	交通运输	水利建设	生态建设和环境保护	农业	林业	科技	保障性安居工程	医疗卫生	养老	教育	文化	体育	市政工程	政府基础设施	城镇综合开发	旅游	社会保障
1亿元以下	17.91	7.46	7.76	15.41	12.68	22.03	5.26	14.81	6.15	22.42	26.03	27.49	14.55	22.02	24.77	14.81	5.89	12.66	41.12
1亿~3亿元	27.04	29.85	17.13	27.96	25.64	30.51	21.05	29.63	19.42	30.60	30.14	32.99	31.82	31.19	31.58	24.34	15.85	22.53	41.12
3亿~10亿元	29.53	50.75	26.92	37.63	32.76	33.05	52.63	33.33	32.50	34.70	27.05	32.13	35.76	27.98	25.46	35.98	30.43	32.41	11.21
10亿元以上	25.53	11.94	48.18	19.00	28.92	14.41	21.05	22.22	41.92	12.28	16.78	7.39	17.88	18.81	18.19	24.87	47.83	32.41	6.54
	100	100	100	100	100	100	100	100	100	100	100	100	100	100	100	100	100	100	100

四、政府和社会资本项目运作方式的分布情况

根据财政部政府和社会资本合作项目公布的项目运作方式情况，PPP项目运作方式主要包括管理合同（MC）、委托运营（O&M）、租赁——运营——移交（LOT）、改建——运营——移交（ROT）、建设——运营——移交（BOT）、转让——运营——移交（TOT）、建设——拥有——运营（BOO）、设计——建设——融资——经营（DBFO）等。

（一）大多数政府和社会资本合作项目普遍运用BOT方式

由表4-6可以看出，截至2017年2月28日，运用BOT方式运作的PPP项目8413个，占PPP项目的72.13%的比重，成为PPP项目的主要运作方式；其次是运用较多的方式分别是其他方式、BOO、TOT，项目数量分别为1157个、905个、631个，这些运作方式占PPP项目的比重分别为9.92%、7.76%、5.41%。

表4-6　　　　　　　　PPP项目运作方式情况

运作方式	PPP项目数量（个）	PPP项目数量占比（%）
ROT	1	0.01
BOO	905	7.76
BOT	8413	72.13
DBFO	1	0.01
MC	11	0.09
O&M	165	1.41
ROT	275	2.36
TOT	631	5.41
TOT+BOT	105	0.90
其他	1157	9.92
合计	11664	100.00

注：南宁市武鸣县光荣院福利院搬迁扩建项目、长春市八一公园建设工程项目这2个项目没有公布运作方式。

(二) 各省（市、自治区）政府和社会资本合作项目以 BOT 运作方式为主，但呈现差异性

由表 4-7 可以看出，除重庆市外，其他 30 个省（市、自治区）政府和社会资本合作项目以 BOT 运作方式为主，以 BOT 运作方式的 PPP 项目占入库项目的 50% 以上的比重。

表 4-7　　　　　　　各地 PPP 项目的 BOT 运作方式情况

地区	BOT 运作方式 PPP 项目数量	入库项目（个）	BOT 运作方式 PPP 项目占比（%）
黑龙江	102	139	73.38
吉林	43	64	67.19
内蒙古	733	898	81.63
辽宁	274	465	58.92
北京	51	87	58.62
天津	12	17	70.59
河北	323	459	70.37
山东	839	1058	79.30
山西	38	47	80.85
河南	642	860	74.65
安徽	130	193	67.36
江苏	236	346	68.21
上海	1	1	100.00
湖北	102	134	76.12
浙江	216	305	70.82
湖南	308	439	70.16
江西	222	347	63.98
福建	140	225	62.22
广东	80	120	66.67
广西	141	205	68.78
陕西	247	336	73.51
宁夏	67	92	72.83
甘肃	250	470	53.19
新疆	633	940	67.34

续表

地区	BOT 运作方式 PPP 项目数量	入库项目（个）	BOT 运作方式 PPP 项目占比（%）
青海	90	107	84.11
西藏	2	2	100.00
四川	692	863	80.19
重庆	29	67	43.28
贵州	1297	1794	72.30
云南	331	427	77.52
海南	142	159	89.31
合计	8413	11666	72.12

但是，各地运用 BOT 运作的 PPP 项目比重呈现差异性。与全国 PPP 项目运用 BOT 方式的占比相比，高于全国这一比重的有上海、西藏、海南、青海、内蒙古、山西、四川、山东、云南、湖北、河南、陕西、黑龙江、宁夏、贵州 15 个省（市、自治区），低于全国这一比重的有浙江、天津、河北、湖南、广西、江苏、安徽、新疆、吉林、广东、江西、福建、辽宁、北京、甘肃、重庆 16 个省（市、自治区）（见图 4-40）。

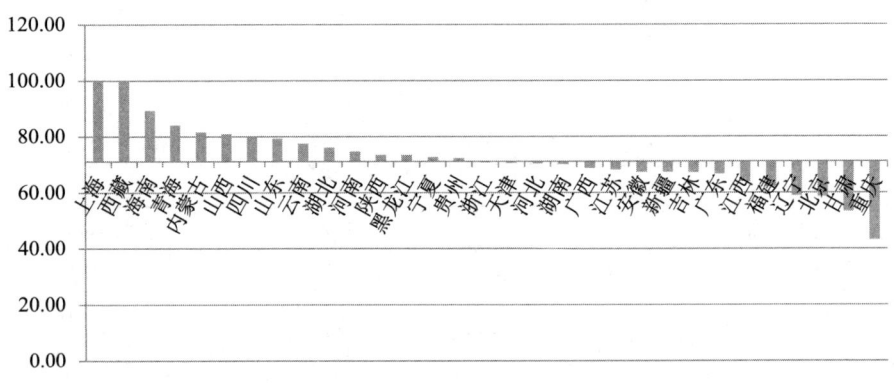

图 4-40 各地 PPP 项目的 BOT 运作方式情况与全国平均水平的比较

五、政府和社会资本合作项目回报机制的分布情况

根据截至 2017 年 2 月 28 日财政部政府和社会资本合作项目资料显示，PPP

项目回报机制相关情况具有以下特征：

(一) 以使用者付费作为回报机制的政府和社会资本合作项目占比较大

使用者付费的PPP项目数量最多，共4701个，占全部入库PPP项目的40.30%；其次是政府付费的PPP项目，共3759个，占全部入库PPP项目的32.22%；可行性缺口补助的PPP项目相对较少，共3206个，占全部入库PPP项目的27.48%（见表4-8）。

表4-8　　　　　　　　PPP项目回报机制分布情况

回报机制	PPP项目数量（个）	占全部PPP项目比重（%）
可行性缺口补助	3206	27.48
使用者付费	4701	40.30
政府付费	3759	32.22
合计	11666	100.00

(二) 大部分行业的政府和社会资本合作项目以使用者付费作为回报机制

我们对财政部政府和社会资本合作项目库的19个行业的PPP项目进行分析得出，使用者付费占第一位的行业是城镇综合开发、林业、旅游、能源、农业、其他、社会保障、市政工程、水利建设、体育、文化、养老、医疗卫生13个行业；政府付费占第一位的行业是保障性安居工程、交通运输、教育、生态建设和环境保护、政府基础设施5个行业；可行性缺口补助占第一位的行业是科技、林业2个行业。由此得出，大部分行业的政府和社会资本合作项目以使用者付费作为回报机制（见表4-9、表4-10）。

表4-9　　　　　　　　使用者付费占第一位的行业（%）

PPP项目所处的行业	可行性缺口补助	使用者付费	政府付费	总计
养老	28.33	67.58	4.10	100.00
旅游	26.01	63.14	10.85	100.00
农业	21.19	61.86	16.95	100.00
社会保障	23.81	57.14	19.05	100.00
医疗卫生	29.98	54.04	15.98	100.00
能源	31.66	53.77	14.57	100.00

续表

PPP项目所处的行业	可行性缺口补助	使用者付费	政府付费	总计
其他	21.33	51.05	27.62	100.00
体育	37.38	46.26	16.36	100.00
城镇综合开发	30.45	41.64	27.90	100.00
文化	34.86	41.59	23.55	100.00
水利建设	23.96	40.72	35.32	100.00
市政工程	26.25	37.98	35.76	100.00
林业	36.84	36.84	26.32	100.00

说明：可行性缺口补助、使用者付费、政府付费三种回报机制占其行业PPP项目的比重。

表4-10　各行业可行性缺口补助、使用者付费、政府付费三种回报机制的PPP项目的数量

PPP项目所处的行业	可行性缺口补助	使用者付费	政府付费	总计
保障性安居工程	141	160	217	518
城镇综合开发	215	294	197	706
交通运输	376	470	562	1408
教育	172	171	235	578
科技	47	44	41	132
林业	7	7	5	19
旅游	187	454	78	719
能源	63	107	29	199
农业	25	73	20	118
其他	61	146	79	286
社会保障	25	60	20	105
生态建设和环境保护	199	172	324	695
市政工程	1076	1557	1466	4099
水利建设	133	226	196	555
体育	80	99	35	214
文化	114	136	77	327
养老	83	198	12	293
医疗卫生	152	274	81	507
政府基础设施	50	53	85	188
总计	3206	4701	3759	11666

(三) 各地的政府和社会资本合作项目的回报机制呈现差异性

1. 一半的东部地区和中部地区、东北地区所有省份以政府付费作为政府和社会资本合作项目的付费机制

如表 4-11 所示，全国 12 个省（市、自治区）以政府付费作为付费机制的 PPP 项目比重，高于以可行性缺口补助、使用者付费为付费机制的 PPP 项目比重。在这 12 个省（市、自治区）中，东部地区中有上海、海南、广东、福建、北京 5 个省市，中部地区中有安徽、江西、河南 3 个省，东北地区包括辽宁、吉林和黑龙江 3 个省。

表 4-11 政府付费方式占入库项目首位的地区（%）

序号	地区	可行性缺口补助	使用者付费	政府付费	合计
1	上海	0.00	0.00	100.00	100.00
2	安徽	30.57	10.36	59.07	100.00
3	海南	27.04	19.50	53.46	100.00
4	辽宁	15.05	34.19	50.75	100.00
5	广东	28.33	24.17	47.50	100.00
6	江西	20.17	38.62	41.21	100.00
7	河南	23.84	35.12	41.05	100.00
8	四川	34.53	24.80	40.67	100.00
9	吉林	40.63	18.75	40.63	100.00
10	福建	38.22	22.22	39.56	100.00
11	北京	27.59	33.33	39.08	100.00
12	黑龙江	33.09	28.78	38.13	100.00
	全国	27.48	40.30	32.22	100.00

注：东部地区包括北京、天津、河北、山东、江苏、上海、浙江、福建、广东、海南 10 个省、直辖市；中部地区包括山西、河南、湖北、安徽、湖南、江西 6 省；西部地区包括内蒙古、新疆、宁夏、陕西、甘肃、青海、重庆、四川、西藏、广西、贵州、云南 12 个省、市、自治区；东北地区包括黑龙江、辽宁、吉林 3 个省。

2. 西部地区大部分省（市、自治区）以使用者付费作为政府和社会资本合作项目的付费机制

如表 4-12、表 4-13 所示，全国 13 个省（市、自治区）以使用者付费作为付费机制的 PPP 项目比重，高于以可行性缺口补助、政府付费为付费机制的

PPP 项目比重。在这 13 个省（市、自治区）中，西部地区有甘肃、新疆、贵州、陕西、青海、重庆、宁夏、内蒙古、广西等 9 个省（市、自治区），东部地区包括天津、山东、河北、江苏 4 个省（市）。

表 4–12　　　　　使用者付费占入库项目首位的地区（%）

序号	地方	可行性缺口补助	使用者付费	政府付费	入库项目（个）
1	甘肃	13.19	70.85	15.96	100.00
2	新疆	21.60	62.77	15.64	100.00
3	贵州	16.33	47.94	35.73	100.00
4	陕西	25.30	47.92	26.79	100.00
5	天津	47.06	47.06	5.88	100.00
6	山东	30.81	46.69	22.50	100.00
7	青海	26.17	44.86	28.97	100.00
8	重庆	17.91	43.28	38.81	100.00
9	宁夏	31.52	42.39	26.09	100.00
10	河北	30.72	38.56	30.72	100.00
11	内蒙古	27.95	38.42	33.63	100.00
12	广西	26.83	38.05	35.12	100.00
13	江苏	33.82	37.86	28.32	100.00
	全国	27.48	40.30	32.22	100.00

表 4–13　　　　　可行性缺口补助占入库项目首位的地区（%）

序号	地方	可行性缺口补助	使用者付费	政府付费	入库项目（个）
1	西藏	100.00	0.00	0.00	100.00
2	山西	55.32	6.38	38.30	100.00
3	湖南	52.62	27.56	19.82	100.00
4	天津	47.06	47.06	5.88	100.00
5	云南	43.56	37.47	18.97	100.00
6	湖北	43.28	19.40	37.31	100.00
7	浙江	43.28	25.57	31.15	100.00
8	吉林	40.63	18.75	40.63	100.00
	全国	27.48	40.30	32.22	100.00

六、政府和社会资本合作项目落地情况

根据财政部政府和社会资本合作公布的《全国 PPP 综合信息平台项目库季报第 3 期》报告指出,项目落地率,指执行和移交两个阶段项目数之和与准备、采购、执行、移交 4 个阶段项目数总和的比值。因目前尚无项目进入移交阶段,所以,项目落地率是指执行阶段项目数之和与准备、采购、执行、移交 4 个阶段项目数总和的比值。根据截至 2017 年 2 月 28 日财政部政府和社会资本合作项目资料显示,PPP 项目落地的相关情况具有以下特征:

(一)多数入库政府和社会资本合作项目处于识别阶段,落地项目占不到两成的比重

如表 4-14 所示,6984 个入库的 PPP 项目处于识别阶段,占全部入库 PPP 项目比重的 59.87%;1994 个入库的 PPP 项目处于准备阶段,占全部入库 PPP 项目比重的 17.09%;1655 个入库的 PPP 项目处于执行阶段,占全部入库 PPP 项目比重的 14.19%。总的来看,落地的 PPP 项目不到两成。

表 4-14　　　　　　　　PPP 项目所处的阶段情况

所处的阶段	PPP 项目数量(个)	占全部 PPP 项目比重(%)
识别	6984	59.87
准备	1994	17.09
采购	1033	8.85
执行	1655	14.19
合计	11666	100.00

(二)各地政府和社会资本合作项目落地情况呈现不均衡性

与全国 PPP 项目落地情况相比,高于全国落地率的有上海(100%)、安徽(49.74%)、广东(45.00%)、山西(40.43%)、吉林(37.50%)、北京(32.18%)、浙江(29.84%)、福建(26.22%)、山东(24.86%)、海南(23.27%)、湖北(20.90%)、新疆(17.98%)、江苏(17.63%)、湖南(17.54%)、河北(16.78%)、宁夏(15.22%)、重庆(14.93%)17 个省

（市、自治区）；低于全国这一比重的有四川（12.51%）、陕西（12.50%）、河南（12.44%）、云南（11.01%）、黑龙江（10.79%）、辽宁（7.74%）、广西（7.32%）、内蒙古（6.90%）、江西（6.05%）、贵州（4.40%）、青海（3.74%）、甘肃（2.34%）、天津（0.00%）、西藏（0.00%）14个省（市、自治区）（见表4-15）。

表4-15　　　　　　　　各地PPP项目落地率情况

省（市、自治区）	处于执行阶段的项目（个）	入库项目（个）	落地率（%）
黑龙江	15	139	10.79
吉林	24	64	37.50
内蒙古	62	898	6.90
辽宁	36	465	7.74
北京	28	87	32.18
天津	0	17	0.00
河北	77	459	16.78
山东	263	1058	24.86
山西	19	47	40.43
河南	107	860	12.44
安徽	96	193	49.74
江苏	61	346	17.63
上海	1	1	100.00
湖北	28	134	20.90
浙江	91	305	29.84
湖南	77	439	17.54
江西	21	347	6.05
福建	59	225	26.22
广东	54	120	45.00
广西	15	205	7.32
陕西	42	336	12.50
宁夏	14	92	15.22
甘肃	11	470	2.34
新疆	169	940	17.98
青海	4	107	3.74
西藏	0	2	0.00
四川	108	863	12.51
重庆	10	67	14.93
贵州	79	1794	4.40

续表

省（市、自治区）	处于执行阶段的项目（个）	入库项目（个）	落地率（%）
云南	47	427	11.01
海南	37	159	23.27
全国	1655	11666	14.19

从各省（市、自治区）PPP项目处于执行阶段的数量看，按项目数量多少排序分别为：山东（263个）、新疆（169个）、四川（108个）、河南（107个）、安徽（96个）、浙江（91个）、贵州（79个）、河北（77个）、湖南（77个）、内蒙古（62个）、江苏（61个）、福建（59个）、广东（54个）。这13个省（市、自治区）PPP项目处于执行阶段的数量合计1303个，占全国处于执行阶段的PPP项目的78.73%（见表4-15）。

（三）生态建设和环境保护、交通运输、城镇综合开发等行业的政府和社会资本合作项目落地率和落地数量均相对较高

从项目落地率看，能源、科技、市政工程、生态建设和环境保护、交通运输、城镇综合开发行业这一比重相对较高。能源行业的PPP项目处于执行阶段的共46个，占入库项目的23.12%；科技行业的PPP项目处于执行阶段的共25个，占入库项目的18.94%；市政工程行业的PPP项目处于执行阶段的共720个，占入库项目的17.57%；生态建设和环境保护行业的PPP项目处于执行阶段的共121个，占入库项目的17.41%；交通运输行业的PPP项目处于执行阶段的共216个，占入库项目的15.34%；城镇综合开发行业的PPP项目处于执行阶段的共101个，占入库项目的14.31%（见表4-16）。

从处于执行阶段的PPP项目数量看，市政工程、交通运输、生态建设和环境保护、城镇综合开发这四个行业处于执行阶段的项目数量相对较多，分别为720个、216个、121个、101个（见表4-16）。

表4-16　　　　　　　　不同行业的PPP项目落地情况

PPP项目所属行业	处于执行阶段的项目（个）	入库的项目（个）	项目处于执行阶段所占的比重（%）
能源	46	199	23.12
科技	25	132	18.94
市政工程	720	4099	17.57
生态建设和环境保护	121	695	17.41

续表

PPP项目所属行业	处于执行阶段的项目（个）	入库的项目（个）	项目处于执行阶段所占的比重（%）
交通运输	216	1408	15.34
城镇综合开发	101	706	14.31
教育	77	578	13.32
水利建设	71	555	12.79
养老	37	293	12.63
政府基础设施	21	188	11.17
文化	36	327	11.01
林业	2	19	10.53
医疗卫生	48	507	9.47
保障性安居工程	46	518	8.88
农业	10	118	8.47
社会保障	8	105	7.62
体育	15	214	7.01
其他	18	286	6.29
旅游	37	719	5.15

（四）政府和社会资本合作项目的落地速度在加快

我们将2012~2016年PPP项目处于执行阶段的项目数量进行比较发现，2012年落地的PPP项目为27个，2013年、2014年、2015年、2016年落地的PPP项目分别为46个、188个、997个、387个，项目落地数量呈现不断增多的趋势。尤其是2015年、2016年这两年落地的PPP项目较多（见表4-17）。

表4-17　　　　　　　　2012~2016年PPP项目落地情况

年份	处于执行阶段的项目数量（个）	比重（%）
2012年之前	10	0.60
2012年	27	1.63
2013年	46	2.78
2014年	188	11.36
2015年	997	60.24
2016年	387	23.38
合计	1655	100.00

七、政府和社会资本合作项目的合作年限分布

(一) 七成的政府和社会资本合作项目合作年限在 10 年至 30 年之间

由表 4 – 18 所示，PPP 项目年限主要集中在 10 年至 30 年之间。10 ~ 20 年、20 ~ 30 年合作期限的 PPP 项目数量分别有 4736 个、3833 个，占全部入库项目的比重分别为 40.60%、32.86%。10 年以下合作期限的 PPP 项目数量有 2830 个，占全部入库项目的比重为 24.26%。30 年以上合作期限的 PPP 项目数量只有 243 个，占全部入库项目的比重仅为 2.08%。

表 4 – 18　　　　　　　PPP 项目年限分布情况

合作年限分布	PPP 项目数量（个）	占比（%）
≤10 年	2830	24.26
10 年 < 年限 ≤ 20 年	4736	40.60
20 年 < 年限 ≤ 30 年	3833	32.86
年限 > 30 年	243	2.08
没有年份的	24	0.21
合计	11666	100.00

(二) 大部分行业的政府和社会资本合作项目的合作期限在 10 至 20 年的占比相对较高

PPP 项目合作年限在 10 年至 20 年的占比高于其他年限区间段的占比的行业，主要有科技、文化、体育、医疗卫生、城镇综合开发、教育、农业、政府基础设施、生态建设和环境保护、水利建设、交通运输、旅游 12 个行业；而仅有保障性安居工程这个行业 PPP 项目合作年限少于等于 10 年的占比，高于其他年限区间段的占比；PPP 项目合作年限在 20 年至 30 年的占比高于其他年限区间段的占比的行业，主要有能源、林业、市政工程、养老、社会保障 5 个行业（见表 4 – 19）。

表 4-19　　各行业的 PPP 项目合作年限分布（%）

所在的行业	≤10 年	10 年＜年限≤20 年	20 年＜年限≤30 年	年限＞30 年	合计
保障性安居工程	43.24	39.58	17.18	0.00	100.00
城镇综合开发	30.03	46.74	22.24	0.99	100.00
交通运输	25.78	39.56	27.49	7.17	100.00
教育	31.14	46.02	21.45	1.38	100.00
科技	25.00	53.03	20.45	1.52	100.00
林业	15.79	36.84	42.11	5.26	100.00
旅游	23.23	37.00	36.58	3.20	100.00
能源	8.04	25.13	63.82	3.02	100.00
农业	24.58	44.92	28.81	1.69	100.00
其他	25.52	47.90	23.78	2.80	100.00
社会保障	21.90	36.19	37.14	4.76	100.00
生态建设和环境保护	22.45	44.60	32.09	0.86	100.00
市政工程	21.25	36.72	40.96	1.07	100.00
水利建设	22.52	44.50	30.99	1.98	100.00
体育	22.90	47.20	27.10	2.80	100.00
文化	25.08	48.01	25.38	1.53	100.00
养老	16.38	39.25	40.61	3.75	100.00
医疗卫生	21.50	46.94	27.61	3.94	100.00
政府基础设施	35.64	44.68	19.15	0.53	100.00

八、政府和社会资本合作项目发起类型情况

（一）政府和社会资本合作项目绝大多数以政府发起为主

截至 2017 年 2 月 28 日，政府发起的 PPP 项目 10465 个，占入库项目 96.39% 的比重；而社会资本发起的 PPP 项目很少，只有 392 个，占入库项目 3.61% 的比重（见表 4-20）。

表4-20　　　　　　　　　　PPP项目合作发起类型分布

发起类型	项目数量（个）	占比（%）
社会资本发起	392	3.61
政府发起	10465	96.39
合计	10857	100.00

注：截至2017年2月28日，入财政部政府和社会资本合作项目库的11784个PPP项目，部分PPP项目没有公布发起类型，只有10857个PPP项目公布了发起类型。

（二）社会资本发起的政府和社会资本合作项目主要集中在市政工程、城镇综合开发、养老、旅游行业

在社会资本发起的392个PPP项目中，市政工程、城镇综合开发、养老、旅游行业占64.54%的比重。由此说明，社会资本发起的政府和社会资本合作项目主要集中在市政工程、城镇综合开发、养老、旅游行业（见表4-21）。

表4-21　　　不同行业的PPP项目由社会资本发起的数量和占比情况

行业	社会资本发起数量（个）	社会资本发起项目占比（%）
市政工程	138	35.20
城镇综合开发	41	10.46
养老	27	6.89
旅游	24	6.12
交通运输	23	5.87
其他	23	5.87
能源	17	4.34
文化	15	3.83
教育	14	3.57
保障性安居工程	13	3.32
医疗卫生	13	3.32
农业	11	2.81
生态建设和环境保护	11	2.81
科技	7	1.79
水利建设	7	1.79
体育	4	1.02
社会保障	3	0.77
政府基础设施	1	0.26
林业	0	0.00
总计	392	100.00

(三) 社会资本发起的政府和社会资本合作项目主要集中在西部地区和东部地区

从社会资本发起的 PPP 项目的数量看，贵州、甘肃、山东、河南等地的 PPP 项目由社会资本发起的数量相对较多，其数量分别为 75 个、54 个、35 个、32 个（见表 4-22）。

表 4-22　不同地方的 PPP 项目由社会资本发起的数量和占比情况

省（市、自治区）	社会资本发起的 PPP 项目（个）	社会资本发起的 PPP 项目的占比（%）
贵州	75	19.13
甘肃	54	13.78
山东	35	8.93
河南	32	8.16
内蒙古	24	6.12
广东	19	4.85
河北	17	4.34
宁夏	17	4.34
四川	15	3.83
新疆	13	3.32
浙江	10	2.55
江西	10	2.55
陕西	10	2.55
辽宁	9	2.30
广西	8	2.04
重庆	7	1.79
湖南	6	1.53
云南	6	1.53
黑龙江	4	1.02
吉林	4	1.02
江苏	4	1.02
福建	3	0.77
北京	2	0.51
安徽	2	0.51
青海	2	0.51

续表

省（市、自治区）	社会资本发起的 PPP 项目（个）	社会资本发起的 PPP 项目的占比（%）
海南	2	0.51
天津	1	0.26
湖北	1	0.26
山西	0	0.00
上海	0	0.00
西藏	0	0.00
合计	392	100.00

根据表 4-23 情况，我们按照东、中、西部和东北地区进行分类统计发现，西部地区由社会资本发起的 PPP 项目数量最多，共 231 个，占社会资本发起的 PPP 项目的 58.93% 的比重；其次是东部地区，东部地区社会资本发起的 PPP 项目 93 个，占社会资本发起的 PPP 项目的 23.72% 的比重。

表 4-23　　不同区域的 PPP 项目由社会资本发起的数量和占比情况

地区	社会资本发起的 PPP 项目（个）	社会资本发起的 PPP 项目的占比（%）
东部	93	23.72
中部	51	13.01
西部	231	58.93
东北	17	4.34
合计	392	100.00

注：东部地区包括北京、天津、河北、山东、江苏、上海、浙江、福建、广东、海南 10 个省、直辖市；中部地区包括山西、河南、湖北、安徽、湖南、江西 6 省；西部地区包括内蒙古、新疆、宁夏、陕西、甘肃、青海、重庆、四川、西藏、广西、贵州、云南 12 个省、市、自治区；东北地区包括黑龙江、辽宁、吉林 3 个省。

（四）社会资本发起的政府和社会资本合作项目落地率低于政府和社会资本合作项目落地率

在社会资本发起的政府和社会资本合作项目中，落地 PPP 项目 47 个，占社会资本发起的项目 11.99% 的比重，低于政府和社会资本合作项目 14.19% 的落地率（见表 4-24）。

表 4-24　由社会资本发起的 PPP 项目的落地情况

PPP 项目所处的阶段	社会资本发起（个）	社会资本发起占比（%）
识别	268	68.37
准备	68	17.35
采购	9	2.30
执行	47	11.99
合计	392	100.00

第五章 我国推进与政府和社会资本合作相关的政策、服务体系建设

近年来,中央和地方政府为加快推进这种新模式,出台了很多政策,为促进PPP模式不断营造良好的环境。总的来看,我国建立和完善了与政府和社会资本合作相关的政策体系、服务支撑体系。

一、建立和完善与政府和社会资本合作相关的政策体系

我国为了规范推进PPP模式,中央和地方政府都相继推出了一系列政策措施和法规、制度、文件等。

(一)明确了PPP模式适应范围

政府出台了相关性政策文件,明确了PPP模式的适用领域。适合运用政府和社会资本合作方式提供的,一般都是公共服务而非商业性项目。对于社会资本角度而言,PPP项目应具有盈利能力,未来的现金流明确,投资回报长期稳定,满足其盈利要求。这些构成了适合采用PPP方式项目的基本特征。国务院《关于加强地方政府性债务管理的意见》(国发〔2014〕43号)规定,"鼓励社会资本通过特许经营等方式,参与城市基础设施等有一定收益的公益性事业投资和运营"。财政部《关于推广运用政府和社会资本合作模式有关问题的通知》(财金〔2014〕76号)、财政部关于印发《政府和社会资本合作模式操作指南(试行)的通知》(财金〔2014〕113号)指出,适宜运用PPP的项目,"具有投资规模

较大、需求长期稳定、价格调整机制灵活、市场化程度较高"等特点。《关于推广运用政府和社会资本合作模式有关问题的通知》（财金〔2014〕76 号）指出，"适宜采用政府和社会资本合作模式的项目，具有价格调整机制相对灵活、市场化程度相对较高、投资规模相对较大、需求长期稳定等特点。各级财政部门要重点关注城市基础设施及公共服务领域，如城市供水、供暖、供气、污水和垃圾处理、保障性安居工程、地下综合管廊、轨道交通、医疗和养老服务设施等，优先选择收费定价机制透明、有稳定现金流的项目"。国家发改委《关于开展政府和社会资本合作的指导意见》（发改投资〔2014〕2724 号）指出，"PPP 模式主要适用于政府负有提供责任又适宜市场化运作的公共服务、基础设施类项目。燃气、供电、供水、供热、污水及垃圾处理等市政设施，公路、铁路、机场、城市轨道交通等交通设施，医疗、旅游、教育培训、健康养老等公共服务项目，以及水利、资源环境和生态保护等项目均可推行 PPP 模式。各地的新建市政工程以及新型城镇化试点项目，应优先考虑采用 PPP 模式建设"。当然，以上是对 PPP 适用范围进行的不完全列举，随着 PPP 模式的深入推进，运用 PPP 方式提供公共服务的领域会越来越广泛。例如《关于深入推进农业领域政府和社会资本合作的实施意见》（财金〔2017〕50 号）规定，重点引导和鼓励社会资本农业公共产品和服务供给，等等。

（二）出台了与 PPP 相关的融资、资产证券化相关政策

由于 PPP 项目投资金额大、建设周期长、建设运营风险大等特点，需要大力发展 PPP 金融以支持 PPP 发展。我国先后成立 PPP 基金、出台相关政策支持以及实施金融创新，促进 PPP 发展。

国务院办公厅转发《财政部　发展改革委　人民银行关于在公共服务领域推广政府和社会资本合作模式指导意见的通知》（国办发〔2015〕42 号）要求做好金融服务。金融机构应创新符合政府和社会资本合作模式特点的金融服务，优化信贷评审方式，积极为政府和社会资本合作项目提供融资支持。鼓励开发性金融机构发挥中长期贷款优势，参与改造政府和社会资本合作项目，引导商业性金融机构拓宽项目融资渠道。鼓励符合条件的项目运营主体在资本市场通过发行公司债券、企业债券、中期票据、定向票据等市场化方式进行融资。鼓励项目公司发行项目收益债券、项目收益票据、资产支持票据等。鼓励社保资金和保险资金按照市场化原则，创新运用债权投资计划、股权投资计划、项目资产支持计划等多种方式参与项目。对符合条件的"走出去"项目，鼓励政策性金融机构给

第五章 我国推进与政府和社会资本合作相关的政策、服务体系建设

予中长期信贷支持。依托各类产权、股权交易市场，为社会资本提供多元化、规范化、市场化的退出渠道。金融监管部门应加强监督管理，引导金融机构正确识别、计量和控制风险，按照风险可控、商业可持续原则支持政府和社会资本合作项目融资。

国务院办公厅转发《财政部　发展改革委　人民银行关于在公共服务领域推广政府和社会资本合作模式指导意见的通知》（国办发〔2015〕42号）提出，引导设立中国PPP融资支持基金。研究出台"以奖代补"措施，引导和鼓励地方融资平台存量项目转型为PPP项目。财政部已联合中国建设银行股份有限公司、中国邮政储蓄银行股份有限公司、中国农业银行股份有限公司、中国银行股份有限公司、中国光大集团股份公司、交通银行股份有限公司、中国工商银行股份有限公司、中国中信集团有限公司、全国社会保障基金理事会、中国人寿保险（集团）公司10家机构，共同发起设立总规模为1800亿元的中国政府和社会资本合作（PPP）融资支持基金，作为社会资本方重点支持公共服务领域PPP项目发展，提高项目融资的可获得性。与此同时，整合财政资金，对运用PPP项目予以财政支持。比如：《城市管网专项资金管理暂行办法》（财建〔2015〕201号）提出，对按规定采用政府和社会资本合作模式的项目予以倾斜支持。在中国政府和社会资本合作（PPP）融资支持基金的带动下，全国各地纷纷成立PPP基金。据统计，全国绝大部分省（市、自治区）都已成立PPP基金，助力PPP项目落地。

为促进PPP发展，出台了相关金融政策。比如中国银监会、国家发展和改革委员会出台的《关于银行业支持重点领域重大工程建设的指导意见》（银监发〔2015〕43号）要求，积极创新担保方式。按照《国务院关于创新重点领域投融资机制　鼓励社会投资的指导意见》（国发〔2014〕60号）的有关精神，灵活运用排污权、收费权、特许经营权、购买服务协议预期收益、林权、集体土地承包经营权等进行抵质押贷款，不断创新担保方式。探索利用工程供水、供热、发电、污水垃圾处理等预期收益质押贷款，允许利用相关收益作为还款来源。探索创新融资模式，针对政府和社会资本合作（PPP）项目的特点，创新金融服务，拓展重大工程建设的融资渠道和方式。对已经建立现代企业制度、实现市场化运营，其承担的地方政府债务已纳入政府财政预算、得到妥善处置并明确公告今后不再承担地方政府举债融资职能的融资平台公司，对于其承担的重大工程项目建设或作为社会资本参与当地政府和社会资本合作项目建设，银行业金融机构可在依法合规、审慎测算还款能力和项目收益的前提下，予以信贷支持。《保险

资金间接投资基础设施项目管理办法》（保监会令2016年第2号），对保险资金间接投资基础设施项目进行规定。《中国保监会关于保险资金投资政府和社会资本合作项目有关事项的通知》（保监发〔2017〕41号）指出，保险资金投资PPP项目，是指保险资产管理公司等专业管理机构作为受托人，发起设立基础设施投资计划，面向保险机构等合格投资者发行受益凭证募集资金，向与政府方签订PPP项目合同的项目公司提供融资，投资符合规定的PPP项目。投资计划投资的PPP项目，除满足《保险资金间接投资基础设施项目管理办法》第十一条、第十二条的有关规定外，还应当符合以下条件：属于国家级或省级重点项目，已履行审批、核准、备案手续和PPP实施方案审查审批程序，并纳入国家发展改革委PPP项目库或财政部全国PPP综合信息平台项目库。承担项目建设或运营管理责任的主要社会资本方为行业龙头企业，主体信用评级不低于AA+，最近两年在境内市场公开发行过债券。PPP项目合同的签约政府方为地市级（含）以上政府或其授权的机构，PPP项目合同中约定的财政支出责任已纳入年度财政预算和中期财政规划。所处区域金融环境和信用环境良好，政府负债水平较低。建立了合理的投资回报机制，预期能够产生持续、稳定的现金流，社会效益良好。《中国保监会关于保险业支持实体经济发展的指导意见》（保监发〔2017〕42号）提出，推进保险资金参与PPP项目和重大工程建设。支持符合条件的保险资产管理公司等专业管理机构，作为受托人发起设立基础设施投资计划，募集保险资金投资符合条件的PPP项目。在风险可控的前提下，调整PPP项目公司提供融资的主体资质、信用增级等监管要求，推动PPP项目融资模式创新。鼓励保险资金投资关系国计民生的各类基础设施项目和民生工程，逐步完善投资计划监管标准，放宽信用增级要求和担保主体范围，扩大免增信融资主体数量，创新交易结构，精准支持对宏观经济和区域经济具有重要带动作用的重点项目和工程。

与此同时，出台鼓励PPP相关的金融创新政策。比如：国家发展改革委、中国证监会出台了《关于推进传统基础设施领域政府和社会资本合作（PPP）项目资产证券化相关工作的通知》（发改投资〔2016〕2698号），积极推进符合条件的PPP项目通过资产证券化方式实现市场化融资，明确重点推动资产证券化的PPP项目范围，重点推动符合下列条件的PPP项目在上海证券交易所、深圳证券交易所开展资产证券化融资：一是项目已严格履行审批、核准、备案手续和实施方案审查审批程序，并签订规范有效的PPP项目合同，政府、社会资本及项目各参与方合作顺畅；二是项目工程建设质量符合相关标准，能持续安全稳定运营，项目履约能力较强；三是项目已建成并正常运营 2 年以上，已建立合理的投资回报机制，并已产生持续、稳定的现金流；四是原始权益人信用稳健，内部控制制度健全，具有持续经营能力，最近三年未发生重大违约或虚假信息披露，无不良信用记录。与此同时，优先鼓励符合国家发展战略的 PPP 项目开展资产证券化。优先选取主要社会资本参与方为行业龙头企业，处于市场发育程度高、政府负债水平低、社会资本相对充裕的地区，以及具有稳定投资收益和良好社会效益的优质 PPP 项目开展资产证券化示范工作。鼓励支持"一带一路"建设、京津冀协同发展、长江经济带建设，以及新一轮东北地区等老工业基地振兴等国家发展战略的项目开展资产证券化。

（三）出台相关监管政策

总的来看，对政府和社会资本合作监管涉及多部门，国家发改委对 PPP 项目的投资核准，财政部门和审计部门负责监管 PPP 项目资金的使用情况；等等。另外，PPP 项目建设会涉及到土地、水利、环保、消防等不同行业主管部门和职能部门。政府和社会资本合作监管涉及内容广泛，既包括对项目认识、准备、采购、执行、移交等全生命周期相关程序的规范性、合规性、合法性监管，又包括对 PPP 项目的绩效进行监管，还包括对政府、社会资本等参与主体的行为进行监管，包括对 PPP 项目合同履约情况、公共服务收费价格监管等。从监管流程来看，在立项阶段，财政部会同行业主管部门共同负责评估项目风险，主要对项目审批、物有所值论证、财政承受能力论证等环节重点监管；在招标投标阶段，侧重监管政府采购方式以及采购程序是否合法合规；在项目建设阶段，政府对项目的执行情况、完工进度、工程质量等实行监督。审计部门还需要对项目的工程造价、工程款支付进行审查监管；在项目运营阶段，政府会重点关注项目的价格、服务水平等，监督社会资本方是否存在受利益驱动而随意抬高项目价格。同时还要对项目的实际绩效进行评估考核，避免项目公司损害股东和社会公众的利益；在项目移交阶段，主要是监管项目合同的履行程度以及对项目产权进行监督，审查双方是否出现违约情况并对项目移交时资产的性能作整体评估，保障公众的合法权益。

我国 PPP 模式仍处于初期探索阶段，PPP 相关监管也是处于不断探索完善之中。总的来看，随着政府和社会资本合作实践发展，我国与时俱进，出台了相关监管政策，逐步探索符合我国国情的 PPP 项目监管架构。

一是对 PPP 项目有关执行法律、行政法规、行业标准、产品或服务技术规范等进行合规性监督管理。财政部《关于进一步共同做好政府和社会资本合作（PPP）有关工作的通知》（财金〔2016〕32号）要求，强化监督管理，对PPP项目有关执行法律、行政法规、行业标准、产品或服务技术规范等进行有效的监督管理，并依法加强项目合同审核与管理，加强成本监督审查。要杜绝固定回报和变相融资安排，在保障社会资本获得合理收益的同时，实现激励相容。

二是对PPP项目加强监督管理。财政部关于印发《政府和社会资本合作项目财政管理暂行办法》的通知（财金〔2016〕92号），要求对PPP项目加强监督管理。各级财政部门应当会同行业主管部门加强对PPP项目的监督管理，切实保障项目运行质量，严禁以PPP项目名义举借政府债务。财政部门应当会同相关部门加强项目合规性审核，确保项目属于公共服务领域，并按法律法规和相关规定履行相关前期论证审查程序。项目实施不得采用建设—移交方式。政府与社会资本合资设立项目公司的，应按照《公司法》等法律规定以及PPP项目合同约定规范运作，不得在股东协议中约定由政府股东或政府指定的其他机构对社会资本方股东的股权进行回购安排。财政部门应根据财政承受能力论证结果和PPP项目合同约定，严格管控和执行项目支付责任，不得将当期政府购买服务支出代替PPP项目中长期的支付责任，规避PPP项目相关评价论证程序。各级财政部门应依托PPP综合信息平台，建立PPP项目库，做好PPP项目全生命周期信息公开工作，保障公众知情权，接受社会监督。财政部驻各地财政监察专员办事处应对PPP项目财政管理情况加强全程监督管理，重点关注PPP项目物有所值评价和财政承受能力论证、政府采购、预算管理、国有资产管理、债务管理、绩效评价等环节，切实防范财政风险。

三是与PPP相关融资进行监管。中国银监会出台《关于银行业风险防控工作的指导意见》（银监发〔2017〕6号）要求，规范新型业务模式。银行业金融机构要依法合规开展专项建设基金、政府和社会资本合作、政府购买服务等新型业务模式，明确各方权利义务关系，不得通过各种方式异化形成违规政府性债务。《关于坚决制止地方以政府购买服务名义违法违规融资的通知》（财预〔2017〕87号）规定，严禁将铁路、公路、机场、通讯、水电煤气，以及教育、科技、医疗卫生、文化、体育等领域的基础设施建设，储备土地前期开发，农田水利等建设工程作为政府购买服务项目。严禁将建设工程与服务打包作为政府购买服务项目。

（四）建立、完善政府和社会资本合作项目相关操作规范

在PPP模式的实施规范上，财政部明确了相关操作流程和规范，以PPP示范项目促进 PPP 模式运用推广。

为保证政府和社会资本合作项目实施质量，财政部出台了《关于印发政府和社会资本合作模式操作指南（试行）的通知》（财金〔2014〕113 号），规范项目识别、准备、采购、执行、移交各环节操作流程。

为有序推进政府和社会资本合作项目实施，保障政府切实履行合同义务，有效防范和控制财政风险，财政部出台了《政府和社会资本合作项目财政承受能力论证指引》（财金〔2015〕21 号），明确了责任识别、支出测算、能力评估、信息披露等相关内容。为促进 PPP 物有所值评价工作规范有序开展，财政部出台了《PPP 物有所值评价指引（试行）》（财金〔2015〕167 号），明确了物有所值评价应遵循真实、客观、公开的原则。物有所值评价包括定性评价和定量评价。现阶段以定性评价为主，鼓励开展定量评价。

财政部出台《关于规范政府和社会资本合作合同管理工作的通知》（财金〔2014〕156 号），要求加强 PPP 合同管理工作，并出台了 PPP 项目合同指南。PPP 项目合同指南规定了 PPP 项目合同主要内容，对项目的范围和期限、项目的融资、用地、建设、运营、维护、股权变更限制、付费机制、履约担保、政府承诺、违约与提前终止和终止后处理机制等，进行了明确的规定。

（五）建立政府和社会资本合作的应急处理系统

由于不确定性因素的存在，PPP 项目在运行过程中会面临各种各样的风险，甚至会遇到一些紧急突发事件，需要政府采取相应的应急措施以最大程度减少事故造成的损失。一般而言，这种突发事件往往发生概率极低、超出政府预期而未能进行常态化准备，比如发生不可抗力事件，其中包括各种自然灾害、社会异常事件，还有政府行为引发公众的不满，法律变更等。一旦发生上述情况，政府应该及时做出应急反应，井然有序地解决危机事件，尽量使项目损失最小化。

《政府和社会资本合作模式操作指南（试行）》（财金〔2014〕113 号）指出，社会资本或项目公司违反项目合同约定，威胁公共产品和服务持续稳定安全供给，或危及国家安全和重大公共利益的，政府有权临时接管项目，直至启动项目提前终止程序。政府可指定合格机构实施临时接管。临时接管项目所产生的一切费用，将根据项目合同约定，由违约方单独承担或由各责任方分担。社会资本或项目公司应承担的临时接管费用，可以从其应获终止补偿中扣减。

财政部公布的《PPP 项目合同指南（指南）》，界定了违约事件，违约事件的界定方式、提前终止的事由、终止后的处理机制。终止后的处理机制，通常会涉及回购义务和回购补偿。《PPP项目合同指南（指南）》明确了回购补偿标准以及补偿的支付。

二、建立和完善政府和社会资本合作治理机制

PPP是国家治理的新模式①。政府、市场与社会根据各自优势，开展多种形式的合作。政府、社会、市场之间就公共服务提供签署合同，各方处于平等地位，共同治理。PPP项目所涉及目标各异的政府、市场、社会、居民等多主体。为促进政府与市场、社会合作形成并维系，既需要共建相关机制与制度，又需要政府、市场、社会共同治理。至今，我国已初步搭建了政府和社会资本合作的治理机制。

（一）搭建了宏观层面的政府和社会资本合作治理机制

PPP作为国家治理的新模式，政府为推行PPP模式，建立了与之相适应的治理机制，并加快政府职能转变。政府从公共服务提供者、组织者角色转变为"顶层设计者"、"规则者"、"组织者"、"实施者"、"管理者"、"监管者"角色。

一是当好"顶层设计者"、"规则者"。我国在推进PPP模式过程中，建立了相关的制度、政策体系，规范PPP项目规划和设计，为运用PPP模式提供政策和专业技术指导。

二是当好"组织者"、"实施者"。财政部《关于印发政府和社会资本合作模式操作指南（试行）的通知》（财金〔2014〕113号）规定，由政府或其指定的有关职能部门或事业单位可作为项目实施机构，负责做好项目准备、采购、监管和移交等工作。

三是当好"管理者"、"监管者"。对PPP项目设计、规划、建设、运营、移交等全过程进行管理、监管。对项目公司的投资建设实施监管，包括项目融资及资金到位和使用情况、项目建设进度、工程质量、安全防范措施等。在项目的实

---

① 本部分内容根据《基于治理、资源配置视角对政府特许经营与PPP的认识》（刘尚希、赵福军、陈少强、陈新平、谭静、于雯杰，中国财政科学研究院《以共治理念推进PPP立法研讨会（2016年2月）论文集》）一文整理而成。

第五章 我国推进与政府和社会资本合作相关的政策、服务体系建设

施阶段,通过履约管理、行政监管、公众监督等方式对项目进行监管。建立事前设定绩效目标、事中进行绩效跟踪、事后进行效益评价的全生命绩效管理机制。对 PPP 项目的公共服务质量与价格调整等进行管理、监督。

充分社会在政府和社会资本合作治理中的作用。让 PPP 项目在阳光下运行,全过程透明公开管理,依法充分披露政府和社会资本合作项目的重要信息,保证社会公众和媒体等群体的知情权、参与权和监督权,拓宽公众监督和举报的途径,加大奖励力度,降低公众的参与成本,对参与各方进行有效地监督和约束,形成政府与社会利益相关方共同治理共同管理的互动治理方式。

充分发挥社会资本在政府和社会资本合作中的治理作用。政府和社会资本合作模式是转变政府职能、激发市场活力、打造经济新增长点的重要改革举措,PPP 项目实施所体现的治理能力是政府、市场、企业、公民和社会等多元主体互动形成的一种以协商、谈判、沟通的方式用以解决社会公共事务的能力,是现代治理能力的范畴。

(二)建立和完善了微观层面的政府和社会资本合作治理机制

政府和社会资本合作,政府以平等身份参与进来,不是居高临下地命令指挥,而是平等协商,按照契约来界定各自的利益和风险、权利和义务。政府尽管以公共主体身份肩负着化解公共风险,维护公共利益的使命,但一旦以合作方身份出现,就要平等参与,不能以行政权力行事。政府、市场、社会各方,都应遵循平等协商的"自由契约"原则,无论全程参与公共服务,还是参与某一个环节,收益与风险的界定,都不能以强力来实现。只有平等参与,才不会背离共建共治共享的基本理念。PPP 项目治理基于政府、市场、企业、公民和社会等多元主体,平等互动、协商、谈判。

PPP 项目公司是 PPP 模式运行的重要载体,通常由项目发起方和投资方以设立项目公司(SPV)的形式实施。政府和社会资本合作微观层面的治理主要是指,政府和社会资本合作项目治理。具体而言,对政府和社会资本合作项目治理,就是创造满足政府和社会资本合作的激励相容条件,实现收益共享、风险共担、行为共治。在收益共享方面,政府明确了 PPP 项目的三种付费方式,即使用者付费、政府付费和财政可行性补助。在风险共担方面,财政部《政府和社会资本合作模式合同指南(试行)》(财金〔2014〕113 号)第十一条规定,按照风险分配优化、风险收益对等和风险可控等原则,综合考虑政府风险管理能力、项目回报机制和市场风险管理能力等要素,在政府和社会资本间合理分配项

目风险。原则上，项目设计、建造、财务和运营维护等商业风险由社会资本承担，法律、政策和最低需求等风险由政府承担，不可抗力等风险由政府和社会资本合理共担。

三、积极推进政府和社会资本合作相关的咨询服务市场建设

近年我国积极推进 PPP 模式发展，催生了大量对 PPP 项目的咨询服务的需求。由于运用 PPP 模式提供公共服务是新事物，不仅需要法律、金融、财务、管理等各方面知识，也需要相关咨询服务做支撑。

政府出台了促进政府和社会资本合作咨询服务市场发展相关政策，助力咨询服务市场发展。国务院办公厅转发《财政部　发展改革委　人民银行关于在公共服务领域推广政府和社会资本合作模式指导意见的通知》（国办发〔2015〕42号）指出，加强人才培养。大力培养专业人才，加快形成政府部门、高校、企业、专业咨询机构联合培养人才的机制。鼓励各类市场主体加大人才培训力度，开展业务人员培训，建设一支高素质的专业人才队伍。鼓励有条件的地方政府统筹内部机构改革需要，进一步整合专门力量，承担政府和社会资本合作模式推广职责，提高专业水平和能力。《国家发改委关于开展政府和社会资本合作的指导意见》（发改投资〔2014〕2724号）明确提出，提升专业能力。加强引导，积极发挥各类专业中介机构在 PPP 项目的资产评估、成本核算、经济补偿、决策论证、合同管理、项目融资等方面的积极作用，提高项目决策的科学性、项目管理的专业性以及项目实施效率。加强 PPP 相关业务培训，培养专业队伍和人才。

为加强政府和社会资本合作（PPP）专家信息共享，规范 PPP 专家库的组建、管理，充分发挥专家智力支持作用，保证 PPP 相关项目评审、课题研究、督导调研等活动的公平、公正、科学开展，财政部出台了《政府和社会资本合作（PPP）专家库管理办法》（财金〔2016〕144号）。为规范政府和社会资本合作（PPP）咨询机构库的建立、维护与管理，促进 PPP 咨询服务信息公开和供需有效对接，推动 PPP 咨询服务市场规范有序发展，财政部出台《政府和社会资本合作（PPP）咨询机构库管理暂行办法》（财金〔2017〕8号）。财政部建立了专家库，包括政策类、法律类、财务类、咨询类、行业类。2016年8月25日，国家发展改革委启动建立 PPP 专家库。经过报名、筛选、评审，最终确定了343名专家，国家发展改革委 PPP 专家库正式成立。与此同时，成立了国家发展改

革委PPP专家库专家委员会。

根据各地资料显示，截止2017年2月底，17个省（市、自治区）建立了PPP专家库，比如北京、河南、黑龙江、湖北、湖南、吉林、江苏、江西、辽宁、宁夏、山东、山西、陕西、上海、四川、云南、浙江。23个省（市、自治区）建立了省级PPP咨询机构，包括安徽、北京、福建、广东、贵州、海南、河北、河南、黑龙江、湖北、湖南、吉林、江苏、内蒙古、宁夏、山西、陕西、四川、新疆、云南、浙江、青海。

总的来说，PPP咨询服务市场快速发展，为推行PPP模式提供了有力的支撑，提升地方政府、社会资本运作PPP项目能力，提高了PPP项目运作质量。

第六章　我国推进政府和社会资本合作中存在的不足

我国为促进政府和社会资本合作（PPP）模式发展，国家相关部门和地方政府都出台了相关政策。由于政府和社会资本合作（PPP）是国家治理和资源配置的新模式，原有与政府主导公共服务提供相适应的制度、环境难以适应 PPP 发展需要。与此同时，也存在着与政府和社会资本合作（PPP）模式发展相关的金融环境不够完善、理论研究准备不足等问题。

一、政府和社会资本合作理论准备不足

（一）现有关于政府和社会资本合作相关研究都是基于政府与市场之间关系"二分法"[①]的思维，难以满足实践发展需要

虽然与政府和社会资本合作相关的学科，如财政学、公共管理学都不同程度地阐释了一些相关原理、理论和方法，但都难以满足目前 PPP 实践发展的需要。从已有研究成果来看，基本上都是基于政府与市场之间关系"二分法"的思维，且认为政府与市场之间应当泾渭分明，公共服务的提供只能是交给政府，忽视了市场、社会的功能作用。这导致我国在市场化改革过程中，要么过度市场化，要

[①] 政府与市场之间关系"二分法"是指，市场失灵领域是政府活动范围，公共服务提供是政府的责任，私人品则由市场提供。

么出现政府包揽的局面，难以找到平衡点。诸如公共设施建设、教育、医疗服务，在商业性和公益性之间难以找到泾渭分明的边界。即使在公认的公共领域，也并非政府独占，社会主体也可以提供公共服务。事实上，社会主体也是公共服务提供的重要主体。因此，以政府与市场关系"二分法"思维开展研究，难以满足 PPP 实践发展需要。

随着公共治理的变革，政府与市场、社会之间的分工合作不再是平面意义上的泾渭分明，而是形成立体网状的"你中有我、我中有你"的融合状态。基于"三分法"思维与逻辑，会衍生出与 PPP 模式相关的一系列理论问题，比如在"二分法"框架下，公共产品与私人产品的划分成为政府与市场分工的基本依据；而在"三分法"思维下，这种划分的必要性已经显著下降，市场、社会的作用领域可以扩大到传统理论认为只能由政府发挥作用的公共领域。"准公共产品"、"俱乐部产品"等概念的提出似乎化解了公共产品理论上的困境，其实，无法清晰界定的难题依旧存在。在工业化时代，分工、分业是主流；而在信息化时代，融合、包容则成为新的主流。政府与市场、社会的关系也就从强调作用领域的边界划分，到强调作用主体的行为融合。PPP 模式的诞生，给立于平面思维上的传统理论带来了重大挑战，结构性治理改革，意味着政府与市场、社会的关系正发生着"清晰—混沌"的变革，领域上的划分变得不再重要，跨领域的行为上的合作将成为新的趋势，需要重新认识处理政府与市场、社会关系的准则。

（二）对政府和社会资本合作、政府特许经营的认识模糊不清

我国政府特许经营和 PPP 都是随市场化进程推进而产生，其中重要的作用之一就是为了解决基础设施融资和市场准入问题。两种方式在经济社会发展的不同阶段各自发挥着不同作用，但我国对政府特许经营与 PPP 相关的认识不仅没有形成共识，而且还比较混乱。

1. 对政府特许经营与政府和社会资本合作的逻辑起点、作用等认识没有形成共识

20 世纪 80 年代以来，我国就开始了对公共品和服务传统供给模式改革的探索和实践，并以各种形式引入社会资本开展政府和社会资本合作，包括政府特许经营。政府放宽了市场准入领域，允许特定企业进入公共领域从事经营活动。近年来，我国大力推进 PPP 模式。但是，我国理论界、实践部门对政府特许经营与 PPP 的逻辑起点、作用等认识仍没有形成共识。至今为止，对 PPP 作用的认识主要观点有"解决基础设施和公共服务融资问题"、"社会治理"、"提高公

服务效率"、"缓解政府债务压力"等,对政府特许经营的作用主要认为是"市场准入"。

2. 对政府特许经营和政府和社会资本合作之间的关系认识模糊不清

对 PPP 和政府特许经营的认识不尽一致并密集出台了相关文件,导致地方政府在执行中感到难以适从,甚至将二者混为一谈。

一是政府特许经营和 PPP 内容交叉重叠。近两年来,国家高度重视 PPP 的发展,并出台了一系列相关文件,地方也出台了推动 PPP 发展的相关规定和政策。然而,出台 PPP 相关的文件与国家部委和地方政府(如北京、天津、成都等)发布的政府特许经营规定、在内容、程序等方面存在较大程度的重叠。例如,《北京市城市基础设施特许经营条例》(2005 年)规定的政府对项目补贴政策,与国家相关部门出台的 PPP 文件内容非常相似。在大力推进 PPP 的同时,也出台了有关政府特许经营的文件。国家发展改革委等 6 部委联合发布的《基础设施和公用事业特许经营管理办法》(2015 年 25 号令)所规定的内容,与国家出台的 PPP 相关文件内容也有相似性。政府特许经营和 PPP 相关政策在内容上的交叉重叠,导致地方政府在理解执行中出现偏差,经常感到难以适从。同一个基础设施和公用事业项目,既可以说成是 PPP 模式,又可以说成是政府特许经营。

二是对政府特许经营和 PPP 的认识存在分歧。我国相关政府部门对 PPP 概念的认识也不一致。《关于推广运用政府和社会资本合作模式有关问题的通知》(财金〔2014〕76 号文)中将 PPP 界定为:在基础设施及公共服务领域建立的一种长期伙伴关系,通常是通过双方成立的 SPV 公司来承担设计、建设、运营、维护基础设施等工作,并通过"使用者付费"及必要的"政府付费"获得合理投资回报,以 SPV 为载体把盈利性、公益性融合起来,以保障公共利益。而国家发展改革委的文件(发改投资〔2014〕2724 号)将 PPP 界定为:政府为增强公共产品和服务供给能力、提高供给效率,通过政府特许经营、购买服务、股权合作等方式,与社会资本建立利益共享、风险分担及长期合作关系。可以看出,财政部的文件没有提及政府特许经营,而国家发展改革委文件则将政府特许经营理解为 PPP 的一种方式。

二、与政府和社会资本合作相关的制度、政策环境不完善

我国从新中国成立以来,一直是政府主导公共服务提供。政府通过建立事业

单位、国有企业，提供公共服务。与政府主导公共服务提供相适应的是，政府建立了相应的监管体系、税收制度、金融体系等。

PPP是公共服务提供和国家治理的新模式。从政府主导公共服务提供模式向运用PPP模式提供公共服务，既是一场不亚于市场化的重大改革，又是一次重要的制度变革或变迁。政府主导公共服务提供的模式相关的政策、体制机制必然难以适应这种新模式。从政府主导公共服务提供模式，向运用PPP模式提供公共服务转型过程中，相应的制度建设不可能一蹴而就，不完善之处难免。

（一）推进政府和社会资本合作仍按照"公共服务由政府提供、私人品由市场提供"的两分法思路

近年来，我国积极推进政府和社会资本合作实践，取得了一定的成效。但政府和社会资本合作的实践推进仍遵循"公共服务由政府提供、私人品由市场提供"的两分法思路，政府主导公共服务提供的思维根深蒂固，个别部门担心PPP模式发展会弱化部门权力。

（二）政府和社会资本合作相关法律不完善

PPP主要不仅涉及《政府采购法》、《招投标法》、《国有资产法》、《审计法》等法律，还涉及《政府采购实施条例》、《招投标法实施条例》等行政法规。此外，国务院和财政部、国家发改委、住建部等也制定了大量涉及PPP的政策文件。比如《国务院办公厅转发发展改革委　卫生部等部门关于进一步鼓励和引导社会资本举办医疗机构的意见》（国办发〔2010〕58号）；《关于推行环境污染第三方治理的意见》（国办发〔2014〕69号）；《国务院办公厅转发财政部　发展改革委　人民银行关于在公共服务领域推广政府和社会资本合作模式指导意见的通知》（国办发〔2015〕42号）；《关于推广运用政府和社会资本合作模式有关问题的通知》（财金〔2014〕76号）；《关于政府和社会资本合作示范项目实施有关问题的通知》（财金〔2014〕112号）；《关于印发政府和社会资本合作模式操作指南（试行）的通知》（财金〔2014〕113号）；《关于规范政府和社会资本合作合同管理工作的通知》（财金〔2014〕156号）；《国家发展改革委关于开展政府和社会资本合作的指导意见》（发改投资〔2014〕2724号）；《基础设施和公用事业特许经营管理办法》（发展改革委、财政部、住建部、交通运输部、水利部、人民银行令2015年第25号）等。

与国外PPP发展较为成熟的国家相比，我国没有专门的PPP法律，分散在

相关法律之中和一些部门规章，且这些法律和部门规章之间不协调、不配套。目前，我国PPP相关法律存在以下不足：

一是法律位阶低。目前PPP运行的维系大多靠各类文件来支撑，如国务院的决定、通知、意见；各部委的规定、办法、通知；各级地方政府的相关规定等。

二是没有针对PPP的专门法律。目前我国涉及规范PPP项目的上位法律有两个，即《中华人民共和国政府采购法》和《中华人民共和国招标投标法》，但它们对政府和社会资本合作的针对性不强，具体规定少，很难指导形式多样的PPP项目。目前我国涉及PPP的相关法律法规主要分散在相关法律之中和一些部门规章，这些法律法规缺乏足够的法律权威和效力，并且在法律衔接与配套等方面需要加强。

三是与PPP相关的法律法规还存在不协调、不配套。政府和社会资本合作涉及面广，涉及宪法、民法、商法、行政法、经济法、社会法、刑法、诉讼与非诉讼程序法等相关法律领域。此外，政府和社会资本合作涉及的参与部门众多，有政府部门、社会资本、第三部门和广大民众，对于各参与主体的法律规定也需要系统的衔接。

（三）推进政府和社会资本合作的体制机制需要进一步完善

总的来看，我国相关政府部门、地方政府都在积极推进运用政府和社会资本合作模式提供公共服务，但推进政府和社会资本合作的体制机制需要进一步完善。

一是缺乏有效的协调机制。PPP项目涉及财政部、发改委等相关政府部门，需要各个部门之间加强沟通、协同配合，形成合力。目前，政府相关部门就推进PPP模式发展的分工合作关系还需进一步协调和理顺。

二是需要加快完善与PPP相关的体制机制。以PPP方式推动教育、医疗卫生等公共服务领域改革，需要加快相关领域改革步伐。比如：推进医疗卫生PPP发展，需要加快医疗卫生体制机制改革。

（四）与政府和社会资本合作相关的政策仍沿用政府主导公共服务提供的相关政策

虽然我国在积极推进政府和社会资本合作过程中，出台并完善了与之相关的政策，但总的来看，仍沿用政府主导公共服务提供的思路，对与政府和社会资本合作相关的政策进行完善。

1. 税收优惠政策主要针对政府及事业单位，难以适应运用政府和社会资本合作方式提供公共服务发展的需要

总的来说，现行的与PPP相关的税收优惠政策与政府主导公共服务提供的模式相适应。比如：国家机关、人民团体、军队、由国家财政部门拨付事业经费的单位自用的房产、土地免交房产税、土地使用税，而政府和社会资本合作项目、社会资本提供的公共服务项目时，可能难以享受对国家机关、人民团体、国家财政部门拨付事业经费的单位免征房产税、土地使用税这一税收优惠政策。

2. 政府和社会资本合作提供公共服务的监管政策仍沿用政府主导公共服务提供的框架开展

总的来看，我国政府与社会资本合作有监管，但相关监管仍在政府主导公共服务提供的监管框架进行，且目前实行的是多行业、多部门分散监管。

从监管机构看，我国还没有统一的PPP监管机构，各监管责任主要还是分布在各个部委。例如，能源领域划分为天然气、水务、电力、核能等进行分别监管，缺少统一能源领域的监管机构。各相关监管职权也被分散在不同的监管机构。例如，建设部门进行施工监管，发展改革委员会进行投资和价格监管，质量监督部门进行产品质量监管，工商行政管理部门进行市场监管。

从PPP相关政策法规看，各部门都出台相关政策。比如，国家发改委和财政部都出台了促进PPP发展的相关政策，住建部、水利部、交通部、环保部等部门也都陆续出台了各自领域的PPP支持政策。在各省级政府层面，为推动PPP的发展，也基本都出台了适合自身的PPP支持文件及相关配套政策。从目前出台的政策来看，对PPP的支持政策多，对PPP项目的监管政策少。

一是多行业、多部门分散监管难以适应PPP发展。政府与社会资本合作在我国虽然已经实施多年，但政府和社会资本合作监管仍在政府主导公共服务提供的监管框架进行，且目前实行的是多行业、多部门分散监管，相关政府职能部门承担相关的监管职能。

二是对监管重视不足。由于PPP项目投资大，对地方经济发展能产生拉动效果，因此地方政府较为重视PPP项目的投资，但对PPP项目运营和监管重视不够。

三是与PPP发展相适应的监管体系、制度不完善。比如与PPP相关的监管的法律法规需要尽快完善；对PPP项目评估主要侧重物有所值、财政承受能力论证，对PPP项目的风险评估、绩效评估不足等。

三、政府和社会资本合作面临风险与不确定性

(一) 风险是影响政府和社会资本合作项目落地的关键

政府要吸引社会资本参与 PPP 项目,不仅要让社会资本形成合理收益的预期,更为重要的是要降低社会资本参与 PPP 项目中的不确定性与风险。政府和社会资本合作面临各种各样的不确定性与风险,包括环境、市场、政策等方面的不确定性与风险。

不确定性和风险影响对 PPP 项目所产生的收益、成本的预测。社会资本是否参与 PPP 项目,取决于 PPP 项目未来所产生的收益与投资的成本。如果 PPP 项目所产生的收益及投资成本面临较大的不确定性和风险,会直接影响政府和社会资本合作的形成。事中、事后的不确定性与风险可能也会导致 PPP 项目中止。有些 PPP 项目已落地,政府和社会资本合作已经形成,但若发生了 PPP 项目合同中没有预计到的不确定性和风险,或者没有设置相关处置程序,经过协调难以解决的,使得合作参与方的激励相容条件丧失,会导致合作中止。因此,可以说,不确定性与风险是影响政府与市场、社会合作形成、维系的关键因素。

有些公共服务运用 PPP 方式提供的效率比较高、成本较低、风险也不高,但个别地方政府相关部门运用 PPP 方式提供公共服务的积极性不高,主要表现为"三怕":一是怕麻烦。长期以来,部分公共服务项目依靠地方融资平台融资,这种形式比较简单,决策比较快、推进效率比较高。而推进 PPP 的过程中手续比较多,程序比较复杂,谈判多,周期长。地方政府相关部门主观上有不想干的心里,怕麻烦。二是怕失权。有些主管部门怕引进了 PPP 之后,社会资本控股,丧失了管理的控制权。三是怕担责。PPP 项目涉及多个领域,专业性很强。PPP 项目涉及的土地、税收、财政支持等方面尚未明确,地方政府相关部门对此把握不准,害怕承担相关的责任[①]。可以这么说,"怕麻烦"、"怕失权"、"怕担责"是地方政府对运用 PPP 模式提供公共服务担心的风险与不确定性的表现。

---

① 刘尚希、赵福军等:《政府和社会资本合作(PPP)知识读本》,中国财政经济出版社 2017 年版。

（二）不容忽视政府和社会资本的行为风险

1. 地方政府有将当期的政府和社会资本合作项目相关风险往后转移的动机

地方政府积极加快推进 PPP 项目，希望能发挥 PPP 项目对稳增长、提高公共服务质量、提供更多的公共服务作用。尤其是经济不发达地区，财政相对困难，地方政府更希望多上 PPP 项目。为了多上 PPP 项目，地方政府尽可能将 PPP 项目潜在的风险往后移，都不希望在本届政府任期内爆发 PPP 项目风险和财政风险，可能会采取将风险往后转移的行为。

地方政府在积极运用 PPP 模式提供公共服务时，比较注重 PPP 的融资、促进经济增长和扩大投资的功能，对其提高公共服务供给质量的功能重视不足，容易忽视公共服务提供中蕴含的风险。

政府运用 PPP 后，可将资产负债表的债务"出表"，但不可否认的是，这只是拉长了义务期限，一定程度上解决期限错配问题。但如果 PPP 项目质量不高，有可能还会导致未来财政风险加大。另外，一些地方政府为了加快上 PPP 项目，采用"明股实债"、假 PPP 项目形式，长期内可能增加了财政风险。部分社会资本以低价中标 PPP 项目，一旦运行亏损向政府提出一些补偿，甚至以公共利益威胁政府，地方政府从社会稳定角度起见，不得不给予一定的财政补偿，这又增加潜在的财政风险。

2. 社会资本将政府和社会资本合作项目风险转嫁和向后转移

社会资本参与 PPP 项目虽然会注重社会责任，但也要注重经济利益。为实现更多的经济利益，社会资本可能会转嫁和转移风险。

一是将隐形风险转移、转嫁。由于公共服务质量状况存在一定的信息不对称性和信息不完全性，社会资本在利益驱使下有可能将隐藏的质量风险向后转移和项目风险能转移到区域之外。比如：公共服务隐藏的质量问题没有及时被化解和防范；将 PPP 项目风险转移、转嫁到其他区域。

二是通过合同将相关风险转移到原材料供应商、设备供应商等主体，将相关风险传递和放大。社会资本为了降低自身风险，通过赊购等方式可能会将项目的资金运营风险传递给原材料供应商、设备供应商；社会资本方层层转包工程和项目，压低工程款和项目款，将风险不断放大。另外，社会资本为了获取利润，可能购买一些质量较低的原材料提供相关公共服务，引发相关风险。比如：学校的"毒塑胶跑道"事件发生，与建筑方使用有毒的塑胶做跑道直接相关。

三是为追求短期收益而将风险向后移。由于 PPP 项目期限长，社会资本想在8～10年回收投资并获得收益，会采取一些短期行为，比如：社会资本为获得建设PPP项目中相对较高的建筑利润，以回收大部分投资，可能存在项目质量不高的情况。社会资本在运营阶段逐步稀释股份，将建设阶段的质量风险可能由其他运营主体承担。这样，PPP项目的风险向后移。

四是恶性竞争、围标等对PPP项目带来的风险。对于有稳定现金流、较好收益的PPP项目，社会资本为中标PPP项目，可能会运用低价策略，恶性竞争挤掉潜在的竞争者。社会资本可能与其他社会资本联合（合谋）进行围标。不论社会资本采取恶性竞争还是围标等策略，社会资本为实现其收益、利润目标，都会对PPP项目带来一定的风险和不确定性。

3. 政府和社会资本合谋可能放大风险

社会资本与政府可能会在PPP项目设计、招标、执行等阶段的合谋。比如：由于地方政府领导有行政任期，地方政府主要领导为了在其行政任期内促进经济、社会发展，做出较好的政绩，都希望加快PPP项目落地。有一些商业地产项目，本身是竞争性行业，也被包装成了PPP的形式，导致PPP项目出现。设计固定回报形式，名义上是PPP项目，但无PPP项目之实。在PPP项目执行阶段的合谋行为，政府变相给社会资本财政支付，以各种理由给财政补贴。政府和社会资本合谋行为，虽然在短期内降低了财政支出、提高了公共服务质量，但放大了未来的财政风险。另外，地方政府与国有企业在合作时，当期风险评估较少，符合地方政府、国有企业当前各自目标利益，但国有企业在运营中，可能采取变更股权等方式，提前退出大部分股份，让没有责任能力的其他主体运营PPP项目，也会放大风险。

4. 地方政府、社会资本转嫁、向后转移政府和社会资本合作中的风险，可能会累计被放大风险

地方政府、社会资本将PPP项目中的风险向后转移，这些风险逐步累计起来，可能会使得未来的风险越来越大，化解、防范这些风险的成本越来越高。一些风险累计、叠加到一定程度，会呈现放大效应。地方政府、社会资本将PPP项目中的风险转嫁到其他主体（包括其他区域），没有将PPP项目风险化解。

四、与政府和社会资本合作相关的配套市场环境不完善

政府和社会资本合作（PPP）项目中的参与主体数量多且极其复杂，包括公

众、政府、直接关联主体（民营企业、国有企业或混合所有制企业、外资企业；资金方、施工方、运营方）和间接关联参与主体（金融主体、教育、咨询机构、律师事务所）。因此，推进PPP模式发展，涉及到金融、咨询、人力资本、原材料供应、工程承包等。由于政府和社会资本合作是资源配置、国家治理的新模式，相关配套的市场环境处于不断发展过程，难免有不完善之处。

（一）与政府和社会资本合作相关的金融环境不完善

目前，银行、保险、证券、信托、产业基金（私募基金）、融资租赁等众多金融机构积极参与政府和社会资本合作，对PPP项目表现出较高的热情，但我国PPP项目融资仍存在不规范或不完善之处：

一是银行贷款是PPP项目融资的主要方式。目前，PPP项目融资工具主要是银行对PPP项目建设的贷款，虽然基金、信托、保险资金积极参与PPP项目建设、运营，但是，基金、信托、保险资金参与PPP项目还不很多。且以银行贷款为主要融资方式难以满足投资大、经营期长且收益不高的PPP项目的资金需求。虽然银行能对未来能产生现金流的PPP项目进行贷款，但银行对PPP项目贷款面临一些困境，比如：PPP项目的实际资金需求与银行各类资金在期限上存在一定的错配，且银行对项目资本金比例要求较高并需提供担保，融资成本较高；银行对PPP项目贷款也是基于未来有现金流的项目进行贷款，且贷款要经过风险评估、贷款审批等一系列流程，对贷款的还款来源、现金流等有相关要求等。以前，地方政府提供公共服务可以通过地方融资平台等融资，还款来源有地方财政兜底和政府信用支持。现在运用PPP模式提供公共服务，融资主体变成了PPP项目公司，项目公司获得银行贷款需要以提供公共服务或基础设施产生的现金流作为还款来源。对于准公益性和公益性PPP项目产生较少的现金流或者不产生现金流，难以覆盖贷款本息，就难以获得银行贷款[1]。

二是通过"明股实债"、"固定回报"形式进行变相融资。由于PPP项目投资大、经营期长且收益不高，社会资本对此担心，要求取得固定回报，甚至以"明股实债"形式参与PPP项目。个别地方与金融机构在介入时约定，地方政府提供隐形担保，金融机构可以作为优先级投资人优先获得回报。"明股实债"、"固定回报"形式不符合PPP要求政府、社会资本、居民共治、收益共享、风险

---

[1] 本部分根据《资产证券化是推进PPP模式发展的重要引擎》（赵福军，《上海证券报》2016年1月20日）一文整理而成。

共担、机制共建的治理要求。因此，财政部和发展改革委员会联合发布的《关于进一步共同做好政府和社会资本合作（PPP）有关工作的通知》（财金〔2016〕32号）规定要避免通过固定回报承诺、明股实债等方式进行变相融资。

三是社会资本退出渠道不畅。PPP项目投资大、运营期限长，一旦PPP项目落地，大量资本沉淀下来，且PPP项目投资形成实物投资后存在资产专用性，会使得PPP项目的资本流动性不足。而且，PPP项目收益率普遍不高，加之PPP项目经营期限长可能会面临市场风险、项目风险、政策和法律、制度风险等，如果这些投资的资本不能转化为可交易的投资工具，社会资本在参与、进入PPP项目时，就会有畏难情绪，从而影响社会资本进入的积极性。目前，对PPP项目运营后的资本退出的渠道主要是政府回购、转让给其他社会资本等，难以适应PPP项目发展的需要。

（二）咨询研究市场难以满足政府和社会资本合作发展需要

随着政府和社会资本合作模式在全国推进的广度和深度的不断提升，与之相关的咨询机构如雨后春笋般涌现。财政部政府和社会资本合作中心面向社会征集符合条件的PPP专业咨询机构，地方政府也纷纷征集PPP咨询机构库。国家发展和改革委员会、财政部建立了PPP专家库。目前，很多地方政府已公布入选符合条件的PPP咨询机构名单和专家委员会名单。与此同时，为推动PPP咨询服务市场规范有序发展，财政部出台了《政府和社会资本合作（PPP）咨询机构库管理暂行办法》（财金〔2017〕8号）、《财政部政府和社会资本合作（PPP）专家库管理办法》（财金〔2016〕144号）。总的来说，PPP咨询服务中介凭借其在法律、财务、工程等方面专业技术，在推进PPP模式提供公共服务中发挥了重要作用，但也存在以下不足：

一是PPP咨询研究机构的咨询服务能力难以适应PPP实践发展需要。近年来，我国PPP咨询研究机构快速发展，但与PPP实践发展要求相比，还有较大差距，比如：专业咨询与服务人才相对缺乏，缺乏既有一定的理论基础，又懂市场、政策、法律等方面的复合性人才。另外，PPP咨询机构的策划项目能力也有待提高。

二是PPP咨询市场存在恶性竞争行为。近年，我国PPP相关咨询服务发展快速，一些律师事务所、会计师事务所等纷纷开始业务转型，开始涉足PPP业务，也新成立了一些PPP咨询机构。但国内的项目咨询服务市场发育不完善，部分咨询服务机构业务主要集中在现有PPP政策解读和培训等业务层次，加之PPP咨询行业进入门槛低，容易引发市场恶性竞争。

三是PPP中介咨询服务行业收费、服务质量标准不明确。财政部印发的《政府和社会资本合作（PPP）咨询机构库管理暂行办法》（财金〔2017〕8号），对纳入机构库的咨询机构的行为进行了规范，比如：为政府方提供咨询服务期间与潜在社会资本串通的，其他违反法律、法规、规章和国家PPP政策，扰乱PPP咨询服务市场秩序的行为，PPP中心将予以清退出机构库。财政部印发的《政府和社会资本合作（PPP）咨询机构库管理暂行办法》（财金〔2017〕8号），鼓励咨询机构建立行业自律机制，明确服务标准，加强人员培训，开展绩效评价，共同维护咨询服务市场秩序，抵制行业内不正当竞争行为。但是，服务收费和质量标准不明确，不利于PPP咨询行业规范发展。

五、政府和社会资本合作项目运作模式不完善和项目策划能力不强

（一）对政府和社会资本合作项目的评估方法有待进一步完善

虽然物有所值评价是评估公共服务是否采取政府和社会资本合作方式提供的对标标杆，但也不尽完美，存在以下不足：一是物有所值方法有待完善。目前，物有所值评估主要采用定性评价方法，有一定的主观性。而在定量评价中，计算公共部门比较值面临一定的操作难度。二是通过物有所值评估的公共服务项目，其效率仍存在提升的空间。物有所值评估是以政府提供公共服务作为参考。如果政府提供公共服务的效率不高，即便是通过物有所值评估，但PPP项目的效率仍存在提升的空间。

对PPP项目开展财政承受能力评估，虽然有助于增强政府履约能力，但也存在不足，比如：一些地方财政规模不大，按照"每一年度全部PPP项目需要从预算中安排的支出责任，占一般公共预算支出比例应当不超过10%"这一规定，一个地方可能只能落地1~2个PPP项目，不利于政府和社会资本合作提供公共服务的全面推进。另外，一个地方的财政收入形势也不断变化，尤其是对未来10年的财政收入难以预测。有些地方目前1~2个主导产业在国内具有竞争力，其财政收入形势较好。未来随着产业结构变化，有竞争力的产业可能成为夕阳产业，未来的财政收入可能面临较大的压力；而有些地方现在财政实力一般，如果1~2个产业迅速崛起，今后的财政收入形势也可能比较好。因此，依据目

前的经济结构预测财政收入形势、财政支出状况评估PPP项目的财政承受能力，存在一定的不确定性。

另外，缺乏对政府和社会资本合作项目的风险评估。虽然PPP项目有助于化解和防范公共风险，但如果PPP项目运作不成功，可能会产生新的风险，有可能会带来潜在的政府债务，因此，需要对PPP项目的风险进行评估。

（二）政府和社会资本合作运作模式需要进一步多样化

根据第四章的分析结论，目前，BOT成为PPP项目的主要运作方式，占入库PPP项目的七成多。单一的PPP项目运作居多，综合性PPP项目较少。

另外，社会资本发起的政府和社会资本合作项目很少，需要充分发挥社会资本的积极性与创造性。截至2017年2月28日，社会资本发起的PPP项目很少，只有392个，占3.61%。

（三）政府和社会资本合作项目策划能力不强

目前，地方政府和PPP咨询机构策划单一PPP项目能力相对较强，而策划综合PPP项目能力相对较弱。今后，综合PPP项目[①]是政府和社会资本合作发展的方向，地方政府和PPP咨询机构在策划综合PPP项目能力难以适应今后发展需要。

六、政府和社会资本合作项目落地率还不高

（一）个别地方、部分行业的政府和社会资本合作进展相对较为缓慢

总的来看，全国各地推进PPP的积极性较高，但仍有个别地方推进PPP项目较为缓慢，个别地方入财政部PPP项目库的项目较少。另外，部分行业的政府和社会资本合作进展也相对较慢，政府和社会资本合作项目主要分布在市政、交通运输、城镇综合开发、旅游、生态建设和环境保护、教育等领域，文化、养老、体育、能源、政府基础设施、科技、农业、社会保障、林业等行业的入库PPP项目数量较少，这说明用PPP方式提供与民生相关的养老、社会保障等改进的空间和潜力巨大（见表6-1）。

---

① 关于综合PPP项目的定义，详见本书第七章相关内容。

表6-1　　　PPP项目入库数量相对较少的行业分布情况

PPP项目所属行业	数量（个）	占入库项目比例（%）
文化	330	2.8
养老	292	2.48
其他	287	2.44
体育	218	1.85
能源	201	1.71
政府基础设施	189	1.6
科技	135	1.15
农业	118	1
社会保障	107	0.91
林业	19	0.16

（二）政府和社会资本项目落地速度需要进一步加快

2013年至今，落地的PPP项目不断增多，尤其是2015年、2016年这两年落地的PPP项目较多。但是，多数入库政府和社会资本合作项目处于识别阶段，落地项目占不到两成的比重。

另外，养老、政府基础设施、文化、林业、农业、社会保障、体育等行业不仅入库PPP项目库的项目数量少，且落地项目也少、项目落地率低于全国PPP项目落地率（14.19%）。另外，旅游行业虽然入库PPP项目库的项目数量相对较高，但项目落地率不高。由此说明，需要加快这些行业的项目落地（见表6-2）。

表6-2　　　PPP项目落地率相对较低的行业分布情况

PPP项目所属行业	处于执行阶段的项目（个）	入库的项目（个）	项目处于执行阶段所占的比重（%）
养老	37	292	12.67
政府基础设施	21	189	11.11
文化	36	330	10.91
林业	2	19	10.53
医疗卫生	48	573	9.36
保障性安居工程	46	520	8.84
农业	10	118	8.47
社会保障	8	107	7.48
体育	15	218	6.88
其他	18	287	6.27
旅游	37	719	5.15

第七章 我国政府和社会资本合作的发展趋势与相关政策建议

今后,政府和社会资本合作(PPP)将是提供公共服务的常态。为加快适应这一常态需要,既需要相关理论研究创新,以更加广阔的理论视野为PPP实践提供支持,又需要更加具有创意的实践探索和更加完善的政策,助推PPP实践发展。

一、政府和社会资本合作将是未来我国公共服务提供的新常态

在我国政府大力推动下,政府和社会资本合作快速发展,无论是从入库PPP项目数量还是从涉及的领域看,在这么短时间内,我国PPP模式推进的进程堪比西方国家几十年的实践。我国在推进PPP实践中,不断规范PPP项目运作,完善制度,地方政府和社会资本积极参与,积累了丰富的经验。展望未来,随着我国PPP相关的政策完善,社会资本积累的经验不断增多,我国PPP模式的实践潜力巨大,也将是我国公共服务的新常态。

当前,我国经济发展进入新常态,经济中高速增长将成为我国今后一段时间常态,财政收入高速增长也将成为历史,中低速增长成为常态。与此同时,我国正在进入城镇化快速发展和人口老龄化加速进行的阶段,对教育、医疗、养老、环境等公共服务的需求呈现刚性增长,财政支出增长随之呈现出越来越刚性化的特征。财政紧运行,将会是今后一个时期的常态,迫切需要改变政府主导公共服

第七章 我国政府和社会资本合作的发展趋势与相关政策建议

务供给局面。

随着我国居民收入提高,对公共服务需求层次呈现多样化,对公共服务需求的质量要求越来越高。政府在提供公共服务时,只能提供基本公共服务,难以满足高收入群体对较高质量的公共服务的需求。仅靠政府投入已经难以满足不断增加的公共服务需求和不断提升对公共服务需求层次的需要,这将为 PPP 模式提供公共服务创造广阔的空间。

二、政府和社会资本合作发展的方向

今后,我国政府和社会资本合作发展方向预计会呈现以下态势:

(一) 更加广阔的理论视野认识

当前,我国正在推进政府和社会资本合作(PPP)模式。推进 PPP 模式有助于促进民间投资、提高公共服务供给质量和增加公共服务供给数量、解决部分公共服务项目的融资问题等。今后,深入推进政府和社会资本合作,还应从改革的视角认识 PPP,充分发挥其对改革的作用。运用政府和社会资本合作提供公共服务,不仅可以推动公共服务提供方式的转变,还有助于推动政府职能转变、推进国家治理体系和治理能力现代化。

1. 运用政府和社会资本合作模式提供公共服务,是供给侧结构性改革的重要内容

我国改革开放以来,以经济发展为中心,积极推进经济改革,社会领域改革相对滞后,教育、医疗等公共服务难以满足居民不断增长的需求。随着居民收入水平提高,对教育、医疗、环保等需求日益增加,仅仅依靠政府提供难以满足。运用 PPP 模式可以增加公共服务供给的数量、提供公共服务供给质量,更好地满足居民需要,有助于补充公共服务供给不足。更为重要的是,运用 PPP 模式提供公共服务,可以推动社会领域改革。

PPP 是不亚于市场化改革的一项重大改革[①]。PPP 对改革具有牵引性、辐射性,将会改革整个社会的利益结构和风险结构。PPP 是国家治理的新模式,PPP

---

① 本部分是根据《PPP 是不亚于市场化改革的一项重大改革》一文(刘尚希,中国财政科学研究院《财政研究简报》2016 年第 1 期)整理而来。

有助于促进重塑整个国家的治理结构，改变了政府与市场、社会的关系，对国家治理结构、对改革、转变政府行为方式的改革具有牵引作用，对企业（包括民营企业和国有企业）改革的推动作用也很明显，有助于推动整个国有企业和国有资产管理体制的改革。

2. 政府和社会资本合作提供高质量的公共服务，有助于倒逼政府提高公共服务质量

我国正在全面推进运用PPP模式提供公共服务，但在教育、医疗卫生服务等领域，政府主导提供仍占主要地位。可以在部分地区的教育、医疗卫生领域，加快推广PPP模式步伐，提高教育、医疗卫生服务质量，倒逼政府提高办教育、医疗卫生的服务质量。

3. 推进政府和社会资本合作，有助于促进政府职能转变

在政府主导公共服务提供模式中，政府具有多重身份，既是公共服务的生产者、提供者，又是公共服务的监督者。政府与市场之间分工是，市场能发挥作用的领域，充分发挥市场的作用。市场失灵、市场不存在的领域，需要政府发挥作用。

在运用PPP提供公共服务模式中，政府仍具有多重身份，既是和社会资本合作提供公共服务的合作者，又是PPP项目的"监督者"。在PPP模式中，虽然政府可能和社会资本合作提供公共服务，但政府更多定位于"监督者"、"PPP项目规划者"的角色。政府与市场之间分工是，市场能发挥作用的领域，充分发挥市场的作用。市场失灵、市场不存在的领域，需要政府发挥作用。即便在政府发挥作用的领域，也需要引入市场、社会力量，发挥其作用。

4. 推广政府和社会资本合作模式，有助于推进国家治理体系和治理能力现代化

在政府主导公共服务提供模式中，政府按照科层组织模式配置资源，资源配置模式呈现垂直化特征，且政府动用资源容易受体制机制和行政边界的约束。在运用PPP提供公共服务模式中，政府、社会资本处于平等地位，对合作项目共商、共建机制、收益风险、风险共治，形成"共治、共享、共建"的治理模式。

我国很多公共服务具有跨部门、跨区域特征。这样的公共服务提供出来，需要多部门、多区域的协调配合。协调多部门、多区域公共服务提供，需要付出较多的协调成本，也容易产生公共治理的碎片化问题，各部门、各区域各自为政。对于跨区域、跨部门的公共服务提供，运用PPP模式，成立项目公司（SPV）作为载体，既可以跨界、跨区域、跨领域动用资源，突破现行体制机制的限制和财

政资金约束，拓展可行配置空间，减少因行政、区域分割带来的冲突和低效率。

（二）更加具有创意的实践探索

1. 政府和社会资本合作模式发展的重点将可能侧重于发展综合性项目

单一PPP项目是指对某一项基础设施和公共服务运用PPP模式提供；综合PPP项目是指对多项基础设施和公共服务运用PPP模式提供，比如河北固安模式对园区开发建设，就是综合PPP项目。目前，单一PPP项目已发展相对较好，未来要加快PPP项目落地，应侧重于发展综合性PPP项目。一方面，要鼓励社会资本将商业项目和公共服务捆绑打包一起开发，让社会资本主动提供较好的公共服务以提升商业项目的价值，从而实现在提升商业项目价值中获得收益，弥补提供公共服务的成本；另一方面，将PPP项目所有的商业价值开发出来。在PPP实践中，PPP项目是公共资源，项目本身具有一定的商业控制价值。将PPP项目资源所具有的商业价值挖掘出来，形成盈利模式，增强社会资本进入动力。

2. 政府和社会资本合作项目运作方式可能将更加多样、更加灵活

至今为止，BOT是入库PPP项目的主要运作方式。今后，随着我国政府和社会资本合作深入推进，可能会呈现更多、更灵活的运作方式。社会资本会根据不同PPP项目的特点和环境，大胆创新收益分享、成本分摊、风险分担及项目运作模式。比如目前已在实践探索的"PPP + EPC"的模式（EPC是指设计施工总承包模式），或许可能会被越来越多的PPP项目实践。

3. 规划政府和社会资本合作（PPP）可能将是社会资本参与的重要方式

规划政府和社会资本合作（PPP）包括两层含义：一是从实现PPP项目目标出发，统筹考虑项目规划、设计、投资、建设、运营等阶段的成本、收益与风险，规划设计PPP项目，将PPP项目的综合成本、风险降到最低、收益实现最大。二是着眼于区域经济发展，从空间规划（包括土地使用等）入手，统筹PPP项目落地与区域经济发展，规划PPP项目的设计、投资、建设和运营、维护等。

目前，有长期稳定的现金流的PPP项目，比如收费的高速公路、供水供热等项目，运用政府和社会资本合作方式进展顺利。对于没有稳定现金流的PPP项目，部分社会资本参与的积极性不高，与社会资本没有找到合理的商业模式有关。提高社会资本参与的积极性，就要吸引社会资本从规划环节入手，发展规划PPP，鼓励社会资本大胆探索，让他们找到盈利模式或商业模式。另外，从PPP项目规划、设计、投资、建设、运营、维护等全生命周期规划PPP，有助于从PPP

项目全生命周期考虑实现提高公共服务质量、降低公共服务成本和风险等目标。

(三) 更广泛的应用领域

1. 政府和社会资本合作领域将从市政、交通运输等基础设施建设、运营拓展到提供教育、医疗卫生、养老、文化等公共服务的运营

目前，市政、交通运输、生态建设和环境保护等领域，不仅入库项目相对较高，而且项目落地率和落地数量均相对较高。今后，运用政府和社会资本合作提供公共服务的领域，将从市政、交通运输等基础设施建设、运营，拓展到养老、教育、旅游、医疗卫生等公共服务运营。而且，运用PPP模式提供教育、养老、医疗、教育等领域的公共服务，不仅仅是侧重于医院、学校等基础设施建设，而且还要侧重在医疗服务能力、教育质量等软件设施领域。

2. 政府和社会资本合作将突出主题治理

许多公共事务（比如低碳经济发展、生态文明建设、流域治理、"一带一路"建设、新兴产业发展等），需要多部门、多领域协同参与，统筹配置资源，加强各种政策协调配套，但按照部门管理容易出现多头管理与九龙治水、政策不协调、不配套的局面。主题治理模式是指，站在国家治理高度，围绕国家治理中主题发展的需求，以主题为单位实施治理，打破治理中的部门、区域、年度等约束，在政府各部门、区域及相关经济体间统筹配置、协调资源和政策。今后，运用PPP模式提供公共服务，应对接主题治理，或围绕主题提供，形成支持合力。

(四) 更加规范的运作

经过不断的探索实践，我国PPP项目运作相关制度和政策的必将更加完善。地方政府、社会资本将会按照制度、政策的引导去参与PPP项目，其行为必然会更加规范。社会资本的低价竞争、恶性竞争、违约等行为和地方政府的短期行为、地方保护主义等行为，都将会有效得到遏制。

三、进一步完善政府和社会资本合作模式的政策建议

由于政府和社会资本合作不仅是公共服务提供的新模式，还是国家治理、资源配置的新模式，因此，应从系统建构高度，加快完善与之相适应的治理体系、制度和政策。

（一）加快建立与政府和社会资本合作发展需要相适应的治理体系

在政府主导公共服务模式中，提供公共服务是政府应有的职责，或者说是政府"单边责任"。市场提供私人产品，政府提供公共服务，并由此衍生出与政府主导公共服务提供相适应的国家治理模式。

PPP是国家治理的新模式。在PPP提供公共服务模式中，公共服务提供是政府、市场、社会主体的共同责任，决定了公共服务由政府、市场与社会合作提供并共治。运用PPP提供公共服务，政府与市场、社会合作提供公共服务，政府投入减少甚至不需要投入，公共服务运营、生产可以交给市场，政府的角色则定位于制定政策、规划和监管公共服务质量，政府的角色和定位发生了变化。正因为政府和社会资本合作是国家治理新模式，需要加快建立与之相适应的治理体系，包括产权、法律、融资、税收、评估、监管等制度安排。

一是以共治理念构筑与政府和社会资本合作相适应的治理体系。今后，在推进政府和社会资本合作过程中，应牢固树立"共治、共享、共建"理念，建立完善的政府、市场、社会共治体系。构建政府和社会资本合作治理体系时，既要构建宏观层面的治理，又要构建微观层面的治理。构建宏观层面的治理，要让政府、社会资本、居民三大主体共享收益、共担共治风险、共建体制机制，建立PPP治理模式及其发展所需要的产权、法律、融资、税收、评估、监管等制度安排。构建微观层面的治理，主要是应创造满足政府、社会资本参与政府和社会资本合作项目激励相容条件。

二是积极探索主题治理模式。积极探索运用PPP模式，对主题治理涉及面广的经济建设、生态环境保护、创新创业、医疗卫生、教育等领域开展主题治理。目前，我国已运用PPP模式在提供医疗卫生、教育、生态环境保护等发挥了重要的作用。今后，应大力运用PPP模式提供跨领域、跨区域的公共服务提供，既充分调动地方政府、社会资本的积极性，又能发挥PPP模式的灵活性。

（二）加快完善与政府和社会资本合作相关的制度、政策

一是加快政府和社会资本合作立法进程，为政府和社会资本合作营造良好的法治环境。针对我国没有专门的政府和社会资本合作法律的现状。应加强PPP立法研究，加快PPP立法进程，为政府、社会资本等相关主体提供稳定的预期。PPP立法时，应统筹兼顾社会资本、政府与公众利益，既要防止一味为了公共利益而忽视社会资本的利益，又要防止为过分注重社会资本利益而影响公共利益。

二是加快完善推进政府和社会资本合作的体制机制。《国务院批转国家发展改革委关于2017年深化经济体制改革重点工作意见的通知》（国发〔2017〕27号）明确相关部门就关于大力推行政府和社会资本合作（PPP）模式相关分工，按职责分工负责。今后，应尽快以更加详细、明确的方式，进一步厘清相关政府部门关于推行PPP模式相关职责分工，为PPP模式发展营造良好的体制机制环境。与此同时，应加快公共服务体制机制改革，深化公共卫生、教育等领域的改革，为社会资本参与公共服务提供创造更多的机会。

三是加快完善与政府和社会资本合作相关的监管政策。总的来看，我国政府和社会资本合作有监管，但政府和社会资本合作监管仍在政府主导公共服务提供的监管框架进行，且目前实行的是多行业、多部门分散监管。从监管机构看，我国还没有统一的PPP监管机构，各监管责任主要还是分布在各个部委。随着我国政府和社会资本合作提供公共服务的深入推进，有必要加快建立和完善我国政府和社会资本合作监管体系。有两种思路可选择：一种思路是在现有政府职能部门的职能范围，进一步明确相关职能部门分工，形成权责明晰的监管体系；另一种思路是基于现行的政府和社会资本合作项目监管体制不统一、政府多部门管理的现状，今后推进政府和社会资本合作模式健康发展，要求其监管应"统一体制、统一政策"，尽快建立"财政统一管理、主管部门实施、市场方式运营"的政府和社会资本合作监管体制。

四是加快完善PPP项目物有所值、财政承受能力等评估方法，尽快建立项目风险评估体系。今后应建立物有所值的定量评价方法，提高评价的科学性。与此同时，应充分考虑地方财政收入形势的不断变化，完善"每一年度全部PPP项目需要从预算中安排的支出责任，占一般公共预算支出比例应当不超过10%"这一规定。另外，针对目前缺乏对政府和社会资本合作项目的风险评估的现状，建议尽快建立PPP项目的风险评估体系，不仅评估PPP项目化解、防范经济风险、社会风险、财政风险、自然风险等公共风险情况，还评估PPP项目产生的经济风险、社会风险、财政风险、自然风险等公共风险情况。

（三）将化解和防范政府和社会资本合作中的风险和不确定性，作为推进政府和社会资本合作模式的重要抓手

风险是影响政府和社会资本合作落地的关键，推进政府和社会资本合作过程中，应将化解和防范政府和社会资本合作中的风险和不确定性作为重点内容。

一是建立并明确政府、社会资本共治风险原则。由于政府和社会资本合作风

险是政府、社会资本共同的风险,需要各方共治。与此同时,根据政府和社会资本合作中的风险的类型,分类施策,化解和防范不同类型的风险。比如:对于一般的风险,可由社会资本承担;对于不可控制、难以预计的风险,由社会资本和政府共同承担。

二是重点化解和防范地方政府、社会资本的行为风险。根据第六章相关研究结论,地方政府、社会资本都有将当期的 PPP 项目相关风险往后转移、向其他主体转嫁的动机,因此,需要重点化解和防范行为风险,应通过制度设计加以防范。既要根据社会资本的风险偏好程度(是风险规避者还是风险偏好者、风险中性偏好者)与责任能力,设计风险分配制度,更为重要的是,明确规定社会资本、政府在违约中应承担什么样的责任,为参与政府与社会资本合作项目主体形成明确的预期。尤其是对重要的行为风险,要通过法律列举形式明确。比如:地方政府违约导致社会资本难以回收成本时,法律上应明确如何赔偿社会资本,以及地方政府的直接责任;因社会资本违约导致公共服务不能提供,引发社会稳定风险时,应该明确法律责任;经过政府采购、中标等程序后,政府与社会资本签订政府与社会资本合作合同中的核心条款(价格、公共服务质量与数量、付费等),不得随意进行修改和调整,防止政府和社会资本合谋等。

三是行为约束的重中之重是对政府行为的法律约束。与社会资本相比,政府处于更加有利的地位。今后,深入推进政府和社会资本合作,要加快推进政府行为法治化,促使政府遵循法律、法规,带头讲诚信,决不能让随意改变约定、"新官不理旧账"的现象出现。

(四) 加快完善与政府和社会资本合作相关的市场环境

推进 PPP 模式发展,是一项系统工程,需要加快完善相关的市场环境。

加快政府和社会资本合作金融发展。正因为 PPP 融资区别于政府主导的公共服务提供所运用的融资模式,今后随着我国 PPP 模式成为提供公共服务的常态,应加快发展政府和社会资本合作金融,重点在于:一是加快发展 PPP 项目资产证券化。国家发展改革委中国证监会《关于推进传统基础设施领域政府和社会资本合作(PPP)项目资产证券化相关工作的通知》(发改投资〔2016〕2698 号)明确提出,大力推动传统基础设施领域 PPP 项目资产证券化。2017 年 2 月 3 日,"太平洋证券新水源污水处理服务收费收益权资产支持专项计划"在机构间私募产品报价与服务系统成功发行,成为市场首单落地的 PPP 资产证券化项目。今后,应加快 PPP 项目资产证券化步伐,并加快 PPP 项目资产证券化相关的金融工具创新。比如：可以根据 PPP 项目现金流特征，设计成合适的资产证券化产品，通过恰当的结构化设计使其满足不同风险偏好的投资者的需求。二是加快发展 PPP 项目股权交易市场。今后随着政府和社会资本合作深入推进，应加快发展 PPP 项目股权交易市场，方便社会资本退出。三是做好 PPP 项目的策划和规划，为 PPP 项目创造良好的盈利模式和 PPP 融资模式创新创造条件。大力发展规划 PPP 项目，从 PPP 项目的全生命周期环节和其所在的区域规划，增强社会资本参与 PPP 项目的动力。

大力发展政府和社会资本合作相关咨询、研究服务。经过几年的发展，我国 PPP 咨询研究机构的咨询服务能力已大幅提升，但需要大幅提升 PPP 项目策划能力。与此同时，应加快规范 PPP 咨询服务市场发展，比如：应进一步明确咨询机构的服务标准、收费标准，防止 PPP 市场中的恶性竞争，真正提高 PPP 咨询服务市场中的服务质量。

（五）加强政府、社会资本相关能力建设

加强对地方政府、社会资本方等培训，提升相关运作能力。经过几年实践，政府、社会资本方的 PPP 运作能力有较大幅度提升，今后应及时根据新情况、新形势，经常组织培训交流，不断提升认识水平和项目运作能力，包括提升对 PPP 项目的管理能力、相关专业技术能力。

不断提升探索多样化的政府和社会资本合作运作模式的能力。今后，除了继续大力推进 BOT 运作方式之外，还应积极鼓励发展综合性 PPP 项目，为此需要提高地方政府、社会资本发展综合性 PPP 项目的能力。

重点提高社会资本的项目规划策划能力。目前，社会资本发起的政府和社会资本合作项目很少，今后应要加快推进 PPP 项目，需要大幅提升社会资本的项目规划能力，尤其是提高规划综合性 PPP 项目的能力。增强社会资本规划策划项目能力，真正发挥社会资本在 PPP 项目的规划、设计、融资、建设、运营、维护、移交等全生命周期的所有环节中的作用，尤其是充分发挥社会资本在 PPP 项目规划设计阶段的作用。

（六）分类施策，加快推进政府和社会资本合作项目落地

对于经济发达地区的 PPP 项目入库和落地少的现状，应深入分析其原因，提出有针对性的解决办法。提高地方政府相关认识，将推进政府和社会资本合作模式作为供给侧结构性改革的重要内容的高度来认识，增加地方政府推进 PPP

模式的动力；加强督导，督促地方政府加快 PPP 项目落地的步伐。

与此同时，加大公共服务体制机制改革，大力推进文化、养老、体育、能源、政府基础设施、科技、农业、社会保障、林业等领域的政府和社会资本模式发展，加快推进这些领域的 PPP 项目落地。

（七）探索建立与政府和社会资本合作发展相适应的财政管理模式和财政政策

在政府主导公共服务提供模式中，将财政资金的管理权、分配权给政府各部门，政府各部门依据其职能，选择支持对象、分配财政资金。这种管理模式虽然有助于发挥政府各部门在支持对象上的信息优势、专业优势、管理优势，但是，有时容易出现同一主体接受多个政府部门的支持，各部门支持对象呈现"九龙治水"现象。今后，PPP 提供公共服务是常态，与政府主导公共服务模式相适应的财政管理模式难以适应发展需要，建立与之相适应的财政管理模式势在必行。

一是需要加快改变市场失灵决定政府发挥作用、财政支持的财政管理思路。在政府主导公共服务模式中，当市场失灵时，政府应发挥作用，其中包括政府提供公共服务，财政为提供公共服务提供财力支持。可以这么说，政府职能在哪，政府事权在哪，财政支出责任和范围就在哪。而运用 PPP 模式提供公共服务，政府、市场与社会可以根据公共服务提供的需要和各自优势，开展多种形式的合作，共同提供公共服务。这时，一些公共服务的提供，政府或许只起管理、协调作用，不需要财政支持；而一些公共服务的提供，政府和社会资本共同出资提供，财政出资比政府主导公共服务提供模式中的支出更少。因此，随着运用 PPP 模式提供公共服务的推广，需要加快改变财政管理的思路。

二是需要加快完善与政府和社会资本合作发展相关的财政政策。今后，在出台和完善财政政策时，应以政府和社会资本合作提供公共服务为常态作为出发点，而不是针对政府、事业单位作为提供主体实施优惠政策。

三是加快完善财政资金管理转型。全面推广 PPP 模式，需要财政专项资金使用、管理的转型。需要系统梳理财政专项资金涉及的领域与用途，做好不同领域的财政专项资金与 PPP 模式对接。如果社会资本有积极性参与的，且可以实现使用者付费，财政可以逐步不安排专项资金。如果社会资本有积极性参与，但不能实现使用者付费，财政专项资金可能仍有必要存在。财政专项资金的专款专用性，可能更有助于增强社会资本参与 PPP 项目的信心。

附录一　国家相关部门出台的相关政策文件

序号	部门规范性文件
1	财政部关于政府和社会资本合作示范项目实施有关问题的通知（财金〔2014〕112号）
2	关于推广运用政府和社会资本合作模式有关问题的通知（财金〔2014〕76号）
3	关于规范政府和社会资本合作合同管理工作的通知（财金〔2014〕156号）
4	财政部关于印发政府和社会资本合作模式操作指南（试行）的通知（财金〔2014〕113号）
5	关于市政公用领域开展政府和社会资本合作项目推介工作的通知（财建〔2015〕29号）
6	关于推进开发性金融支持政府和社会资本合作有关工作的通知（发改投资〔2015〕445号）
7	关于鼓励和引导社会资本参与重大水利工程建设运营的实施意见（发改农经〔2015〕488号）
8	财政部关于印发《政府采购竞争性磋商采购方式管理暂行办法》的通知（财库〔2014〕214号）
9	财政部关于印发《政府和社会资本合作项目政府采购管理办法》的通知（财库〔2014〕215号）
10	关于印发《地方政府存量债务纳入预算管理清理甄别办法》的通知（财预〔2014〕351号）
11	关于印发《政府购买服务管理办法（暂行）》的通知（财综〔2014〕96号）
12	关于做好政府购买养老服务工作的通知（财社〔2014〕105号）
13	关于鼓励民间资本参与养老服务业发展的实施意见（民发〔2015〕33号）
14	关于在收费公路领域推广运用政府和社会资本合作模式的实施意见（财建〔2015〕111号）
15	关于运用政府和社会资本合作模式推进公共租赁住房投资建设和运营管理的通知（财综〔2015〕15号）
16	财政部关于印发《政府和社会资本合作项目财政承受能力论证指引》的通知（财金〔2015〕21号）
17	财政部关于政府采购竞争性磋商采购方式管理暂行办法有关问题的补充通知（财库〔2015〕124号）
18	财政部、住房城乡建设部关于印发《城市管网专项资金管理暂行办法》的通知（财建〔2015〕201号）

续表

序号	部门规范性文件
19	财政部要求认真做好政府采购信息公开工作（财库〔2015〕135 号）
20	交通运输部关于深化交通运输基础设施投融资改革的指导意见（交财审发〔2015〕67 号）
21	关于印发《中央财政服务业发展专项资金管理办法》的通知（财建〔2015〕256 号）
22	关于积极开发农业多种功能大力促进休闲农业发展的通知（农加发〔2015〕5 号）
23	关于组织申报 2015 年海绵城市建设试点城市的通知（财办建〔2015〕4 号）
24	住房城乡建设部关于印发海绵城市建设技术指南——低影响开发雨水系统构建（试行）的通知（建城函〔2014〕275 号）
25	水利部关于印发推进海绵城市建设水利工作的指导意见的通知（水规计〔2015〕321 号）
26	关于银行业支持重点领域重大工程建设的指导意见（银监发〔2015〕43 号）
27	关于印发《政府投资基金暂行管理办法》的通知（财预〔2015〕210 号）
28	关于城市地下综合管廊实行有偿使用制度的指导意见（发改价格〔2015〕2754 号）
29	关于实施政府和社会资本合作项目以奖代补政策的通知（财金〔2015〕158 号）
30	关于印发《农田水利设施建设和水土保持补助资金使用管理办法》的通知（财农〔2015〕226 号）
31	关于规范政府和社会资本合作（PPP）综合信息平台运行的通知（财金〔2015〕166 号）
32	关于印发《PPP 物有所值评价指引（试行）》的通知（财金〔2015〕167 号）
33	关于对地方政府债务实行限额管理的实施意见（财预〔2015〕225 号）
34	关于印发城市管网专项资金绩效评价暂行办法的通知（财建〔2016〕52 号）
35	关于实施政府和社会资本合作项目以奖代补政策的通知（财金〔2015〕158 号）
36	关于积极发挥环境保护作用促进供给侧结构性改革的指导意见（环大气〔2016〕45 号）
37	中华人民共和国财政部令第 81 号——基本建设财务规则（2016.5）
38	关于 2016 年开展全国政府采购代理机构监督检查工作的通知（财库〔2016〕76 号）
39	住房城乡建设部 财政部关于开展工程建设领域各类保证金清查工作的通知（建市〔2016〕63 号）
40	国家卫生计生委办公厅 民政部办公厅关于印发医养结合重点任务分工方案的通知（国卫办家庭函〔2016〕353 号）
41	关于中央财政支持实施蓝色海湾整治行动的通知（财建〔2016〕262 号）
42	《关于组织申报 2016 年蓝色海湾整治行动资金的通知》（财办建〔2016〕58 号）
43	关于采取有效措施进一步加强地方财政库款管理工作的通知（财库〔2016〕81 号）
44	财政部关于印发《政府投资基金暂行管理办法》的通知（财预〔2015〕210 号）
45	关于进一步共同做好政府和社会资本合作（PPP）有关工作的通知（财金〔2016〕32 号）
46	文化部办公厅关于做好第三批政府和社会资本合作示范项目申报筛选工作的补充通知（7 月 25 日截止）（办产函〔2016〕247 号）

续表

序号	部门规范性文件
47	国家农业综合开发办公室《关于开展农业综合开发高标准农田建设模式创新试点的通知》（国农办〔2016〕31号）
48	关于申报水污染防治领域PPP推介项目的通知（财建〔2016〕453号）
49	关于申报市政公用领域PPP推介项目的通知（财建〔2016〕495号）
50	关于印发《法治财政建设实施方案》的通知（财法〔2016〕5号）
51	十四部门印发《公共资源交易平台管理暂行办法》（2016.8）
52	住房城乡建设部、国家发展和改革委员会、财政部关于开展特色小镇培育工作的通知（建村〔2016〕147号）
53	财政部关于印发《普惠金融发展专项资金管理办法》的通知（财金〔2016〕85号）
54	关于在公共服务领域深入推进政府和社会资本合作工作的通知（财金〔2016〕90号）
55	中华人民共和国财政部令第85号——国际金融组织和外国政府贷款赠款管理办法（2016.10）
56	关于印发《政府和社会资本合作项目财政管理暂行办法》的通知（财金〔2016〕92号）
57	关于征求《政府和社会资本合作物有所值评价指引（修订版征求意见稿）》意见的函（财办金〔2016〕118号）
58	国土资源部办公厅关于印发《产业用地政策实施工作指引》的通知（国土资厅发〔2016〕38号）
59	关于印发《地方预决算公开操作规程》的通知（财预〔2016〕143号）
60	关于印发《政府采购评审专家管理办法》的通知（财库〔2016〕198号）
61	关于印发《地方政府一般债务预算管理办法》的通知（财预〔2016〕154号）
62	关于印发《地方政府专项债务预算管理办法》的通知（财预〔2016〕155号）
63	关于进一步加强政府采购需求和履约验收管理的指导意见（财库〔2016〕205号）
64	关于印发《中央财政水利发展资金使用管理办法》的通知（财农〔2016〕181号）
65	关于印发《财政部驻各地财政监察专员办事处 实施地方政府债务监督暂行办法》的通知（财预〔2016〕175号）
66	关于印发《财政部政府和社会资本合作（PPP）专家库管理办法》的通知（财金〔2016〕144号）
67	财政部关于切实做好2017年基本民生支出保障工作的通知（财预〔2017〕12号）
68	关于印发《政府和社会资本合作（PPP）综合信息平台信息公开管理暂行办法》的通知（财金〔2017〕1号）
69	国土资源部印发《关于完善建设用地使用权转让、出租、抵押二级市场的试点方案》的通知（国土资发〔2017〕12号）
70	十三部门联合发布《关于加快推进养老服务业放管服改革的通知》（民发〔2017〕25号）
71	国土资源部 财政部关于新增建设用地土地有偿使用费转列一般公共预算后加强土地整治工作保障的通知（国土资函〔2017〕63号）

续表

序号	部门规范性文件
72	交通运输部 国家旅游局 国家铁路局 中国民用航空局 中国铁路总公司 国家开发银行 关于促进交通运输与旅游融合发展的若干意见（交规划发〔2017〕24号）
73	住房城乡建设部关于加强生态修复城市修补工作的指导意见（建规〔2017〕59号）
74	关于取消、调整部分政府性基金有关政策的通知（财税〔2017〕18号）
75	政府和社会资本合作（PPP）咨询机构库管理暂行办法（财金〔2017〕8号）
76	财政部关于印发《政府和社会资本合作（PPP）咨询机构库管理暂行办法》的通知（财金〔2017〕8号）
77	农业部 财政部联合印发《关于开展国家现代农业产业园创建工作的通知》（农计发〔2017〕40号）
78	关于印发《近岸海域污染防治方案》的通知（环办水体函〔2017〕430号）
79	国土资源部、财政部印发《关于新增建设用地土地有偿使用费转列一般公共预算后加强土地整治工作保障的通知》（国土资函〔2017〕63号）
80	关于进一步规范地方政府举债融资行为的通知（财预〔2017〕50号）
81	关于印发财政部2017年政务公开工作要点的通知（财办发〔2017〕29号）
82	财政部关于进一步做好政府采购信息公开工作有关事项的通知（财库〔2017〕86号）
83	中国保监会关于保险资金投资政府和社会资本合作项目有关事项的通知（保监发〔2017〕41号）
84	关于坚决制止地方以政府购买服务名义违法违规融资的通知（财预〔2017〕87号）
85	财政部 农业部关于深入推进农业领域政府和社会资本合作的实施意见（财金〔2017〕50号）

附录二 各省（市、自治区）出台的相关政策

序号	省（市、自治区）	出台的主要相关政策文件
1	北京	北京市人民政府办公厅关于在公共服务领域推广政府和社会资本合作模式的实施意见（京政办发〔2015〕52号）
		北京市人民政府关于创新重点领域投融资机制鼓励社会投资的实施意见
		北京市推广政府和社会资本合作（PPP）模式奖补资金管理办法（2016.4）
2	天津	天津市财政局关于公开征集政府和社会资本合作（PPP）咨询机构的通知（财债务〔2017〕15号）
3	河北	河北省人民政府关于推广政府和社会资本合作（PPP）模式的实施意见（冀政〔2014〕125号）
		河北省人民政府办公厅转发关于在全省公共服务领域推广政府和社会资本合作模式实施意见的通知（冀政办〔2015〕36号）
		河北省财政厅印发《关于财政助推金融创新支持经济发展的实施意见》的通知（2016.4）
		河北省人民政府办公厅 关于推进海绵城市建设的实施意见（2015.12）
		河北省财政厅关于印发《河北省股权投资基金业发展奖励资金管理办法》的通知（2016.7）
4	山西	山西省人民政府办公厅关于加快推进政府和社会资本合作的若干政策措施（晋政办发〔2016〕35号）
		山西省人民政府办公厅关于推进城市地下综合管廊建设的实施意见（晋政办发〔2015〕108号）
		山西省政府和社会资本合作（PPP）融资支持基金设立方案

续表

序号	省（市、自治区）	出台的主要相关政策文件
5	内蒙古	内蒙古自治区人民政府关于公共服务领域推广政府和社会资本合作模式的实施意见（2015.7）
6	辽宁	辽宁省财政厅印发《政府和社会资本合作项目专家评审暂行办法》（2015.7）
7	吉林	吉林省财政厅印发《吉林省政府和社会资本合作（PPP）项目以奖代补资金管理办法》的通知（2016.7）
		吉林省财政厅印发了《关于转发财政部〈PPP物有所值评价指引（试行）〉的通知（吉财金〔2016〕6号）
		关于印发〈吉林省政府和社会资本合作（PPP）项目以奖代补资金管理办法〉的通知（吉财金〔2016〕427号）
8	黑龙江	黑龙江省财政厅黑龙江省发展和改革委员会关于印发黑龙江省政府和社会资本合作（PPP）咨询服务机构和专家选聘管理办法（试行）的通知（黑财规审〔2016〕20号）
		黑龙江省财政厅黑龙江省发展和改革委员会关于公布黑龙江省PPP咨询机构库和专家库名单的通知（黑财际金〔2016〕51号）
		黑龙江省财政厅关于印发《黑龙江省（省级）2017年度政府集中采购目录和采购资金限额标准的通知》（黑财采〔2016〕13号）
9	上海	市政府办公厅印发《关于完善本市养老基本公共服务的若干意见》和《关于鼓励社会力量参与本市养老服务体系建设的若干意见》的通知（沪府办〔2015〕124号）
		市政府关于印发《上海市财政改革与发展"十三五"规划》的通知（2016.8）
10	江苏	江苏省财政厅关于印发《政府和社会资本合作（PPP）项目奖补资金管理办法（试行）》的通知（苏财规〔2016〕25号）
		江苏省财政厅关于做好2015年度政府和社会资本合作省级试点项目工作的通知（2015.8）
		江苏省财政厅关于印发《江苏省PPP融资支持基金实施办法（试行）》的通知（苏财规〔2015〕19号）
		江苏省财政厅关于报送2015年度政府和社会资本合作（PPP）项目的通知（苏财金〔2015〕21号）
		江苏省财政厅关于政府和社会资本合作（PPP）示范项目实施有关问题的通知（2015.4）
		江苏省关于推进政府与社会资本合作（PPP）模式有关问题的通知（2014.12）

续表

序号	省（市、自治区）	出台的主要相关政策文件
11	浙江	省财政厅出台政府和社会资本合作综合奖补政策（2016.1）
		浙江省财政厅关于印发浙江省基础设施投资（含 PPP）基金管理办法的通知（浙财建〔2016〕44 号）
		浙江省财政厅 浙江省发展和改革委员会 中国人民银行杭州中心支行关于在公共服务领域推广政府和社会资本合作模式的实施意见（浙财金〔2016〕13 号）
		浙江省财政厅转发财政部关于规范政府和社会资本合作（PPP）综合信息平台运行的通知（浙财金〔2015〕102 号）
		浙江省财政厅关于印发浙江省推广政府和社会资本合作模式综合奖补资金管理暂行办法的通知（浙财金〔2015〕99 号）
		浙江省财政厅关于做好推广运用政府和社会资本合作模式有关工作的通知（浙财金〔2015〕26 号）
		浙江省人民政府办公厅关于推广运用政府和社会资本合作模式的指导意见（浙政办发〔2015〕9 号）
		浙江省财政厅关于推广运用政府和社会资本合作模式的实施意见（浙财金〔2015〕5 号）
12	安徽	对推广政府和社会资本合作（PPP）模式成效明显市县加大激励支持力度的实施办法（2017.2）
		安徽省财政厅关于下达 2016 年中央 PPP 项目前期工作基建资金的通知（财建〔2016〕1352 号）
		安徽省财政厅发布关于推广运用政府和社会资本合作模式的意见（2014.12）
		省财政厅、省发改委、人行合肥中心支行制定《关于在公共服务领域推广政府和社会资本合作模式实施意见》（2015.10）
		安徽省财政厅发布关于进一步加强 PPP 综合信息平台管理的通知（2016.7）
		安徽省财政厅印发《安徽省省级政府和社会资本合作奖补资金管理办法》（2016.9）
		安徽省财政厅印发《关于进一步加强政府债务管理规范实施政府和社会资本合作项目有关问题的通知》（2016.11）
13	福建	福建省民政厅福建省财政厅关于印发《鼓励社会资本投资养老服务 PPP 工程包的实施方案》的通知（2017.2）
		福建省住房和城乡建设厅福建省财政厅关于印发《鼓励社会资本投资乡镇及农村生活污水处理 PPP 工程包的实施方案》《鼓励社会资本投资生活垃圾处理 PPP 工程包的实施方案》《鼓励社会资本投资城市公共停车场 PPP 工程包的实施方案》的通知（2017.2）

续表

序号	省（市、自治区）	出台的主要相关政策文件
13	福建	福州市人民政府办公厅关于印发福州市政府和社会资本合作（PPP）项目管理办法的通知（2016.10）
		福建省人民政府关于进一步做好政府和社会资本合作（PPP）试点工作的若干意见（闽政〔2016〕28号）
		厦门市出台了《关于推广政府和社会资本合作PPP模式的扶持政策》（2015.11）
		福建省人民政府办公厅关于推广政府和社会资本合作（PPP）试点扶持政策的意见（闽政办〔2015〕69号）
		福建省财政厅关于印发福建省PPP咨询机构库首批入库机构名单的通知（闽财金〔2015〕16号）
14	江西	江西省财政厅关于印发《江西省财政系统政府和社会资本合作信息通报制度》的通知（赣财办〔2016〕99号）
		江西省财政厅关于印发《支持政府和社会资本合作模式发展专项奖励资金管理暂行办法》的通知（赣财债〔2016〕93号）
		江西省财政厅江西省住房与城乡建设厅关于转发《财政部住房城乡建设部关于市政公用领域开展政府和社会资本合作项目推介工作的通知》的通知（赣财建〔2015〕26号）
		江西省财政厅关于推广运用政府和社会资本合作模式有关事项的通知（赣财金〔2014〕25号）
		江西省人民政府关于开展政府和社会资本合作的实施意见（赣府发〔2015〕25号）
15	山东	山东省财政厅关于印发《山东省政府和社会资本合作（PPP）发展基金实施办法》的通知（鲁财预〔2015〕45号）
		印发《关于开展政府和社会资本合作"项目落地年"活动的实施意见》的通知（鲁财金〔2017〕10号）
		关于印发《山东省2015年政府和社会资本合作项目奖补资金管理办法》的通知（鲁财金〔2015〕28号）
		关于印发《山东省"政府和社会资本合作"项目奖补资金管理办法》的通知（鲁财金〔2016〕4号）
		山东省财政厅政府和社会资本合作联席会议工作规则
		关于在公共服务领域推广政府和社会资本合作模式的指导意见的通知（鲁政办发〔2015〕35号）
		关于发布山东省首批PPP专业咨询服务机构名单的通知（2015.12）

续表

序号	省（市、自治区）	出台的主要相关政策文件
16	河南	河南省人民政府关于推广运用政府和社会资本合作模式的指导意见（豫政〔2014〕89号）
		河南省财政厅关于印发河南省PPP开发性基金设立方案的通知（豫财资合〔2015〕5号）
		河南省财政厅公开征集政府和社会资本合作（PPP）专家的公告（2016.7）
		河南省财政厅政府和社会资本合作管理中心建立专业机构咨询库、合作伙伴（运营商）库和金融机构库的方案（2015.5）
17	湖北	省人民政府关于在公共服务领域推广运用政府和社会资本合作模式的实施意见
		市人民政府关于推广政府和社会资本合作模式试点工作的意见（荆政发〔2015〕11号）
		关于印发《荆门市政府和社会资本合作项目社会资本选择办法》的通知（荆财合规〔2015〕245号）
		襄阳市推广运用政府和社会资本合作模式创新投融资改革的实施意见（2015.10）
		关于印发《荆门市政府和社会资本合作合同指导文本》的通知（荆财金规〔2015〕214号）
18	湖南	关于推广运用政府和社会资本合作模式的指导意见（湘财金〔2014〕49号）
		湖南省"两供两治"设施建设财政贴息奖补资金管理办法（湘财建〔2014〕110号）
		湖南省PPP示范项目联点工作制度（2015.12）
19	广东	广东出台PPP项目库审核规程规范PPP项目管理（2016.12）
		关于在公共服务领域推广政府和社会资本合作模式的实施意见（粤府办〔2015〕44号）
		广东省发改委《关于编报政府与社会资本合作（PPP）项目的通知》（2014.12）
		关于做好省级政府和社会资本合作（PPP）模式推广工作的通知
20	广西	公共租赁住房项目政府和社会资本合作模式试点方案
		关于推广运用政府和社会资本合作模式增加公共产品供给的指导意见（桂政办发〔2015〕65号）
		我区公布公共租赁住房项目政府和社会资本合作模式试点方案（2015.9）
		关于印发广西壮族自治区公共租赁住房项目政府和社会资本合作模式试点方案的通知（桂财综〔2015〕53号）
		关于在公共领域推广运用政府和社会资本合作模式的实施意见（桂财金〔2015〕87号）
		广西出台意见加快推广运用"PPP模式"（桂财金〔2015〕87号）
		关于加大财政扶持力度推动PPP改革的通知（桂财金〔2016〕67号）
21	海南	关于政府和社会资本合作项目报送工作的通知（琼财债〔2015〕1391号）
		海南省人民政府关于鼓励在公共服务领域推广政府和社会资本合作模式的实施意见（琼府〔2015〕95号）
		海南省财政厅关于推广运用政府和社会资本合作模式的实施意见（琼财债〔2015〕196号）
		关于政府和社会资本合作项目报送工作的通知（琼财债〔2015〕1391号）

续表

序号	省（市、自治区）	出台的主要相关政策文件
22	重庆	关于运用政府和社会资本合作模式推进公共租赁住房投资建设和运营管理的通知（财综〔2015〕15号）
		重庆市国土房管局关于印发《重庆市国有土地一级开发PPP项目招标实施细则（试行）》的通知（渝国土房管规发〔2016〕14号）
		关于印发重庆市PPP投融资模式改革实施方案的通知（渝府发〔2014〕38号）
23	四川	关于在公共服务领域推广政府与社会资本合作模式的实施意见（川府发〔2015〕45号）
		四川省PPP投资引导基金管理办法
		四川省财政厅关于贯彻落实促进民间投资财政政策的通知（川财综〔2016〕34号）
		四川省财政厅四川省住房和城乡建设厅关于印发《四川省省级城镇基础设施建设专项资金管理办法（试行）》的通知（川财投〔2017〕4号）
		四川省财政厅四川省住房和城乡建设厅四川省水利厅关于印发《四川省市政和水利基础设施PPP项目运行维护以奖代补办法》的通知（川财投〔2017〕3号）
24	贵州	贵州省关于推广政府和社会资本合作模式的实施意见（2015.6）
		关于开展推选政府和社会资本合作示范县示范项目工作的通知（黔财金〔2015〕68号）
25	云南	云南省财政厅关于调整政府和社会资本合作工作领导小组成员及工作职责有关事项的通知（云财办〔2017〕3号）
		关于在公共服务领域加快推进政府和社会资本合作模式的实施意见（云政办发〔2015〕76号）
		云南省人民政府办公厅关于鼓励引导社会资本参与农田水利设施建设运营管理的意见（云政办发〔2015〕70号）
		云南省政府和社会资本合作项目奖补资金管理办法（2016.1）
		云南省财政厅制定政府和社会资本合作（PPP）项目财政支出统计监测办法（2016.2）
		云南省人民政府办公厅关于建立云南省推进政府和社会资本合作（PPP）联席会议制度的通知（2016.11）
		云南省财政厅关于印发《云南省政府一般债务预算管理办法》的通知（2017.1）
		云南省财政厅关于印发《云南省政府专项债务预算管理办法》的通知（2017.1）
26	西藏	拟《西藏自治区人民政府关于推广政府和社会资本合作模式的实施意见》
27	陕西	陕西省财政厅关于印发《陕西省产业发展基金管理实施细则》的通知（陕财办建〔2016〕352号）

续表

序号	省（市、自治区）	出台的主要相关政策文件
28	甘肃	甘肃省财政厅会同省发改委、人民银行兰州中心支行起草了《关于在公共服务领域推广政府和社会资本合作模式实施意见》（甘政发〔2016〕24号）
29	青海	青海省人民政府关于在公共服务领域推广政府和社会资本合作模式的实施意见（青政〔2016〕43号）
		关于鼓励社会资本参与基础设施建设和运营有关问题的通知（青财地金字〔2014〕1230号）
		关于加快推广运用政府和社会资本合作模式有关政策措施（青政办〔2016〕126号）
		青海省人民政府办公厅《关于成立青海省政府和社会资本合作模式推广运用工作协调领导小组的通知》（青政办〔2016〕42号）
		青海省财政厅《关于公布第一批政府和社会资本合作（PPP）示范项目的通知》（青财金字〔2016〕1744号）
		青海省财政厅《关于第三批国家级政府和社会资本合作示范项目建设的通知》（青财金字〔2016〕1980号）
30	宁夏	政府和社会资本合作（PPP）项目以奖代补资金管理暂行办法（宁财金〔2016〕723号）
31	新疆	新疆自治区特许经营条例
		自治区关于加快推进公共服务领域政府和社会资本合作模式的指导意见（新政办发〔2015〕127号）
		自治区政府和社会资本合作引导基金管理暂行办法

主要参考文献

1. 刘尚希："PPP 是不亚于市场化改革的一项重大改革"，中国财政科学研究院，《财政研究简报》，2016 年第 1 期。

2. 刘尚希、赵福军："提高公共服务共建能力和共享水平"，《前线》，2015 年第 12 期。

3. 刘尚希、赵福军："政府与社会资本合作：公共服务体制机制改革的切入点"，《中国经济时报》，2016 年 1 月 28 日。

4. 刘尚希、陈少强、陈新平、谭静、于雯杰、赵福军："基于治理、资源配置视角对政府特许经营和 PPP 的认识"，《经济研究参考》，2016 年第 15 期。

5. 赵福军："加快完善与 PPP 模式相适应的政策环境"，《财政科学》，2016 年第 1 期。

6. 赵福军："运用 PPP 推进"一带一路"建设"，《中国发展观察》，2016 年第 5 期。

7. 赵福军："创新运用 PPP 模式　推进新型城镇化建设"，《中国城市报》，2015 年 5 月 18 日。

8. 赵福军："推进 PPP 实践需要加快完善政策环境"，《中国财经报》，2016 年 1 月 5 日。

9. 赵福军："资产证券化是推进 PPP 模式发展的重要引擎"，《上海证券报》，2016 年 1 月 20 日。

10. 赵福军、黄栋栋、郭巍："完善税收优惠政策　激发 PPP 模式潜力"，《经济日报》，2017 年 5 月 25 日。

11. 李欣："国外法律和政策对 SPV 的规定及启示"，《经济研究参考》，2016 年第 15 期。

12. 樊轶侠："运用 PPP 治理地方政府债务需注意的问题"，《中国发展观察》，2016 年第 5 期。

13. 唐兴霖、尹文嘉："从新公共管理到后新公共管理——20世纪70年代以来西方公共管理前沿理论述评",《社会科学战线》,2011年第2期。

14. 谢煊、孙洁、刘英志:"英国开展公私合作项目建设的经验及借鉴",《中国财政》,2014年第1期。

15. 刘尚希、赵福军:《政府和社会资本合作(PPP)知识读本》,中国财政经济出版社2017年版。

16. 刘尚希、王朝才等著:《以共治理念推进PPP立法》,中国财政经济出版社2016年版。

17. 赵福军、汪海:《中国PPP理论与实践》,中国财政经济出版社2015年版。

18. 杨晓敏主编,袁炳玉主审:《PPP项目策划与操作实务》,中国建筑工业出版社2015年版。

19. 金诺律师事务所编:《政府和社会资本合作(PPP)全流程指引》,法律出版社2015年版。

20. 杨鲁军:《第二次革命:论里根经济学》,格致出版社2009年版。

21. 俞可平:《治理与善治》,社会科学文献出版社2000年版。

22. 陈辉:《PPP模式手册——政府与社会资本合作理论方法与实践操作》,知识产权出版社2015年版。

23. [英]达霖·格里姆赛、[澳]莫文·K. 刘易斯著,济邦咨询公司译:《PPP革命:公共服务中的政府和社会资本合作》,中国人民大学出版社2016年版。

24. [美]E. S. 萨瓦斯著,周志忍等译:《民营化与PPP模式:推动政府和社会资本合作》,中国人民大学出版社2015年版。

25. 亚当·斯密:《国民财富的性质和原因的研究》,商务印书馆1974年版。

26. 顾肃:《自由主义基本理念》,中央编译出版社2005年版。

27. 罗伯特·L. 艾伦:《美国黑人在觉醒中》,上海人民出版社1976年版。

28. 戴维·奥斯本特德·盖布勒:《改革政府》,上海译文出版社2006年版。

29. 米尔顿·弗里德曼:《资本主义与自由》,商务印书馆2004年版。

30. 史蒂文·科恩:《政府全面质量管理:实践指南》,中国人民大学出版社2002年版。

31. 莱恩著,赵成根译:《新公共管理》,中国青年出版社2004年版。

32. 凯特尔:《权力共享》,北京大学出版社2009年版。

33. 玛格丽特·撒切尔:《通往权力之路》,国际文化出版公司2005年版。

后　　记

　　《2016年中国政府和社会资本合作（PPP）发展报告》系中国财政科学研究院承担财政部专项支持的《政府和社会资本合作立法研究》课题研究成果之一。撰写《政府和社会资本合作发展报告》目的在于，在梳理政府和社会资本合作在全球进展的基础上，分析中国政府和社会资本合作发展现状和方向，并提出相关政策建议。本报告研究在中国财政科学研究院院长刘尚希研究员、原副院长王朝才研究员等指导下，由国务院发展研究中心赵福军副研究员、华中科技大学公共管理学院吴淼副教授、蒋天文副教授和中国财政科学研究院陈少强研究员共同完成。其中，赵福军、蒋天文负责设计研究提纲，赵福军负责统稿、撰写概述，吴淼、蒋天文负责撰写第一、二、五章，赵福军、陈少强负责撰写第三、四、六、七章。

　　感谢《政府和社会资本合作立法研究》课题组成员，课题组各位老师各有研究专长，经常与各位老师一起交流探讨，帮助我们提高认识、促进思考。感谢政府和社会资本合作领域相关专家学者，我们撰写研究报告时参阅了已有的相关研究成果。

　　本报告从撰写提纲到定稿，虽历时一年多，但仍存在诸多不完善之处，欢迎读者批评指正。

作　者

2017年9月